錯了的，永遠對不了。

有一種幸福叫淡定

無憂／編著

禪心：01

有一種幸福叫淡定

編著　無憂
出版者　大拓文化事業有限公司
執行編輯　廖美秀
美術編輯　姚恩涵

總經銷　永續圖書有限公司
劃撥帳號　18669219
地址　22103　新北市汐止區大同路三段一九十四號九樓之一
TEL　（〇二）八六四七—三六六三
FAX　（〇二）八六四七—三六六〇
E-mail　yungjiuh@ms45.hinet.net
網址　www.foreverbooks.com.tw

CVS代理　美璟文化有限公司
TEL　（〇二）二七二三—九九六八
FAX　（〇二）二七二三—九六六八

法律顧問　方圓法律事務所　涂成樞律師

出版日◇二〇一六年二月

國家圖書館出版品預行編目資料

有一種幸福叫淡定 / 無憂編著.
-- 初版. -- 新北市 : 大拓文化,
民105.02　面 ;　公分. -- (禪心系列 ; 01)
ISBN 978-986-411-030-8(平裝)
1.禪宗　2.佛教修持
226.65　104028071

CONTENTS

第一章　以禪滌心，人生將向我們報以微笑與愉悅

在生活中，賞心悅目、怡情養性的事物到處都是，關鍵就在於人能不能去發掘和領略。我們既可以癡望曇花，感歎：「人生苦短，一閃即逝」；也可以吸著梅香鼓勵自己：「冬天來了，春天還會遠嗎？」

目錄

第二章　保持平常心，追求隨緣任運的生活

用平常心去看待貧富、成敗與磨難，以一種淡泊名利、榮辱不驚、寬容仁慈的心智模式去踏踏實實地生活，才可以無滯無礙，多樣化而少拘束。

第三章 讓生命融入更多的智慧力量

沒有今天的明天是不存在的。修煉自我，是為了讓生命融入更多的智慧力量。

CONTENTS

目錄

第四章 找到認識自己的最佳途徑

「天上地下，唯我獨尊。」佛陀一生下來就指天指地說了這句話，揭示人自身之可貴，絕對不可替代。恆河有萬沙，但每粒沙都寶貴。所以，人不應從外物取物，要從內心取心。

第五章 愛恨因緣而起

佛陀說：「色不異空。」指出空(虛無)與色(實有)相依存，當你感覺空虛時，你就獲得了實實在在的空虛。這是你最大的收穫，你將根據你收穫的空虛收穫等量甚至超量的快樂與幸福。

CONTENTS

目錄

第六章　不要將自己凌駕於他人之上

佛陀說：「留連眾生。」是講人必然在眾人中做人。佛陀當初拋棄的也只是王位，並非眾生。我們都是眾生，所以，不要以為我們自己就高於他人之上。

第一章

以禪滌心，人生將向我們報以微笑與愉悅

在生活中，賞心悅目、怡情養性的事物到處都是，
關鍵就在於人能不能去發掘和領略。
我們既可以凝望曇花，感歎：「人生苦短，一閃即逝」；
也可以吸著梅香鼓勵自己：
「冬天來了，春天還會遠嗎？」

幸福是一種感覺，是一種人生的態度

人從降臨世間，擁有了生命，享受著陽光的溫暖、雨露的滋潤、日月的精華，享受著人間愛情、親情、友情的真愛，享受著天倫之樂的幸福生活。即使人生是短暫的，但也無怨無悔。我們都要感謝蒼生，感謝上帝。因為它給了我們一場人生旅行，觀賞到人世間旅途中的美麗風景，嘗到了人間的酸甜苦辣。

人的一生都在追尋幸福。有些人以為，幸福存在於金錢、權勢、名利、地位之中。幸福，是坐擁萬貫家財，享受奢華生活嗎？是事業上平步青雲，前程似錦嗎？是在商海縱橫八方，叱吒風雲嗎？是家人平平安安，共享天倫嗎？也許，每個人對幸福有各自不同的詮釋，一千個人對幸福有一千種理解。

幸福是什麼？幸福像花兒一樣，當它綻放開來，散發出縷縷幽香時，我們會感到由衷的喜悅；幸福像白雲一樣，它悠遊自在地蕩漾在我們的心田，讓我們感受到天空的廣闊湛藍；幸福像陽光一樣，金色的陽光沐浴著大地，帶給人一種溫暖和愜意；幸福像細雨一樣，看似平凡微小，卻滋潤了土地，讓春天綠意盎然。

幸福，是一種心境，一種感覺，一種體悟，是對生活、對人生所擁有態度的結晶。幸福，各人有各人的感覺和體味。但幸福不會突然叩響我們的心靈，它像暴風雨後隱約出現的彩虹一樣，只有經歷了挫折、磨礪、絕望、疼痛和辛勤付出之後，才會出現。

普希金說：「幸福的特徵就是心靈的平靜。」世上什麼人會覺得最幸福？也許，覺得最幸福的人就是歷經磨難後，取得了輝煌成果的人；愛情挫折後，獲得了真愛的人；露出笑臉，欣賞屢經試驗剛取得豐碩成果的科學家；吹著口哨，欣賞自己剛完成的作品的藝術家；經過十月懷孕，剛做母親的女人；勞累了幾小時，終於救活了一個病人的大夫；春天播下種子，經過辛勤勞動後，秋天獲取豐收的農民……

幸福就是如此，就在我們平常、平凡、平靜的生活點點滴滴之中，只要用心感受，平凡並不簡單。愛、珍惜、知足、快樂是幸福的源泉。世間最珍貴的不是「得不到」和「已失去」，而是現在能把握的幸福。只要我們自己平常懷有一顆愛、珍惜、知足、快樂的心，幸福就會緊緊圍繞著你。

人的一生未必都能多姿多彩，但要力求過得有滋有味；世事未必盡如人意，但要懂得享受美麗的瞬間！因此，我們要學會在平淡中尋找幸福，在細微中品味幸福，在寂寞中守望幸福，在遺忘中懷念幸福。而不要在沒有幸福的時候渴望幸福，擁有幸福的時候又不懂得珍惜幸福，以致於幸福老從你身邊溜走——這才是真正的不幸！

人人追求幸福，但幸福又在哪裡？是有的人身在福中不知福，總認為幸福圍繞在別人身邊，煩惱總糾纏在自己心裡，時時在怨天尤人。其實，幸福不是一疊厚厚的鈔票，也不是一件華麗無比的衣裳，更不是遮掩痛苦的工具，貪圖片刻歡娛的美酒。幸福應該是心靈深處微妙的感受，是一個人真真切切的感受，它就在自己生活的點點滴滴裡，就在我們每個人的心裡。

幸福，在你頹喪無助時，路人的一個微笑，一句問候，都會帶給你幸福；幸福，是你在克服重重困難時攻下的一道道難題；幸福，是你人生遇上挫折時露出的勝利曙光；幸福，是你口渴難耐時一捧甘甜的泉水；幸福，是你筋疲力盡時一張鬆軟的大床；幸福是你孤寂時一封遠方的素箋；幸福是隨處不在的。當你在某一瞬間感到很開心，打心底升起喜悅時，幸福就已經降臨於你了。

幸福在心中，你就會心胸開朗、豁達灑脫，遇事就不會走極端，會客觀地分析原因，理性處理，實現事情的轉機；如果心中無幸福，就會心胸狹窄、斤斤計較，總是站在自己的利益看問題，思路狹窄，愛鑽牛角，且不易回頭，不善反思和客觀地剖析自己。所以，只能是越鑽路越窄，最後無路可行，也就與幸福無緣了。

幸福在心中，你就會心胸開闊、仗義大度，容易得到大家的愛戴、接近和幫助，朋友多，人氣旺，路子廣，生活的環境優，生活的品質高，且遇事總能遇到貴人相助；如果心中無福，心態擺不正，善於算計，一點蠅頭小利也要爭的人，在生活中是會失去朋友、失去人心的，不僅遇事鮮有人幫，且只能生活在孤獨、寂寞的個人世界裡，根本無法得到幸福。

幸福在心中，你就會心胸開明，坦然自若。笑看人間百態，世事浮塵，花好月圓；讓心靈的花園花木蔥蘢，陽光普照；讓心中的那份美好和純真依然活躍；善待自己，愛惜自己，不虧待自己；相信自己是最好的，最幸福的！只要心境寬闊和開明，週遭的環境就會變得美好和開闊起來，會發現天是那麼的藍，水是那麼的清，花兒是那樣的美！

淡定的幸福

人生載不動太多的煩惱與憂愁，唯有內心的坦然和泰然才是幸福快樂的源泉。俗話說得好：「心寬是福」。心寬即是心境清澈明遠，寬廣澄明，它代表的是一種處事涵養，一種素質修養，一種生活智慧，一種生活境界。

境由心造，事在人為

星移斗轉，春夏秋冬；時事變遷，悲歡離合，這都是不以人的主觀意志為轉移的客觀存在，喜歡不喜歡，它都會來的。關鍵在於每個人如何去認識、去對待、去體驗，即所謂境由心造，事在人為。在一個樂觀向上、生性豁達的人眼裡，春有春的嫵媚，夏有夏的熱烈，秋有秋的收穫，冬有冬的風景，天天都是好時節，天天都值得回味。

而對一個消沉悲觀、心胸狹窄的人來說，春日發睏，夏有酷暑，秋多蕭條，冬有嚴寒，簡直是度日如年，沒一天是好日子。就像大觀園裡的林妹妹，整天錦衣玉食，養尊處優，過著神仙的日子，還老覺得「一年三百六十日，風刀霜劍嚴相逼」，好像自己是世界上過得最慘的人。

人生也是如此，可作四季之分。少年如春花爛漫，無憂無慮；青年似綠樹濃蔭，枝繁葉茂；壯年如果實纍纍，香飄天外；老年似夕陽西下，晚霞滿天。只要珍惜時光，積極進取，熱愛生活，樂觀處世，不論在哪個年齡階段，都能活出精采，活出幸福，活得有聲有色。

同樣的春夏秋冬，同樣的百年人生，為什麼有的人活得樂觀向上，有滋有味；有的人卻活得沉重不堪，悲觀厭世？一個很重要的因素，就在於是否老有「閒事在心頭」。

什麼是閒事？就是那些自尋煩惱的事，弄巧成拙的事，節外生枝的事，無事生非的事，小題大做的事……但凡能造成心理障礙、影響我們心情的事，都可稱為閒事。人的心裡一有閒事，就不得安寧，就鬱悶得很，看什麼都心煩，做什麼都提不起勁。如果心裡老有閒事，天天煩惱，日積月累，鬱積在胸，生活便缺少了情趣。

但是，人吃五穀雜糧，身處紅塵之中，不可能永遠沒有閒事，天下太平，有些閒事來了你也躲不過，有時候人在家中坐，閒事也會找上門來。我們能做到的，只能是儘量減少閒事對自己的干擾，事情過去了就不要老記在心裡當個包袱背著，更不要沒事找事。

淡定的幸福

少做那些爭名奪利的事；不做那些傷天害理、有損陰德的事，這樣就會減少很多煩惱。

去掉非分之念，心頭無事一床寬

「禪」的最高境界就是「不著相」。所謂不著相，就是看空世間一切事物實體，凡是著相的人，很難進入「禪」的最高境界。

禪宗的初祖達摩禪師來到中國時，曾與梁武帝有一段發人深省的對話。

梁武帝是一個信佛虔誠的皇帝。他見到達摩禪師時，問道：「我登臨帝位以來，建了不少廟，印了不少經，供養了許多僧尼，是否有大功德？」

達摩回答說：「沒有。」

梁武帝感到很奇怪地問道：「為什麼呢？」

達摩說：「因為你所做的只是追求世俗的小果報而已，說不上真功德。」

梁武帝又問：「那麼，什麼才是真正的大功德呢？」

達摩回答說：「真功德是圓融純淨的智慧，它的本體是空寂的，不可能用世俗的方法得到它。」

梁武帝聽後大為不悅。

達摩發現梁武帝離真正佛理還很遠、且與梁武帝沒有緣份，就前往北魏嵩山少林寺去了，並最終開創了中土禪宗。

白居易的一首詩中這樣寫道「為當夢是浮生事？為復浮生是夢中？」人生如夢。在我們的生活中每天都有勾心鬥角，爾虞我詐，令人好不疲憊。惟有遠離是非、自我灑脫，才能脫離苦海。人生當真是：「來時無跡又無蹤，去與來時事一同。何須更問浮生事，只此浮生是夢中！」

人生苦短，何不瀟瀟灑灑、快快樂樂地度過：所謂「塵網依依三十春」，怎及得上「心頭無事一床寬」！

宋朝一詩云：「流水下山非有意，片雲歸洞本無心。人生應得如雲水，鐵樹開花遍界春。」人都應遵循自己的本性，如雲水一樣自然，去掉非分之念，忘卻世俗之擾，這樣的世界才是和平和清靜的。

對於生命，我們既要好好把握，又不要過分地執著。貴在用大智慧看破慾望帶來的苦惱，也貴在不被「相」所羈絆。

淡定的幸福

讓自己的心契入天地至理，順應自然，笑傲人生，這樣的人生才是快樂的。

不在意別人的評論，享受自己本有的快樂

生活中有這樣一些人，自己沒有說錯話做錯事，本應心安理得，但他們卻非常在乎別人的評論。聽到別人說他好，就沾沾自喜；聽到別人說他不好，冷嘲熱諷，污蔑誹謗，他就整天煩惱，痛苦不堪。其實，何必在別人的情緒中悲歡呢？

宋朝的白雲禪師，在方會老禪師身邊學禪多年未悟，方會老禪師想找一個適當的機會點化他。一天飯後，白雲禪師陪著方會老禪師在寺前廣場散步，老禪師問他：「聽說你師父一次路過一座橋，雨天路滑，跌了一跤而開悟，吟出的開悟偈甚奇，你記得嗎？」

白雲禪師回答：「記得。師父那天開悟後說了這樣一首偈語：『我有明珠一顆，久被塵勞封鎖，而今塵盡光生，照破山河萬朵。』」

離去。

「哈！哈！哈！……」方會老禪師聽後，發出了一陣神祕的笑聲，便逕自

白雲禪師愣在廣場那裡，心想：我到底是哪裡說錯了呢？我沒有哪裡說錯的呀！老禪師為什麼笑我呢？

白雲禪師因放不下方會老禪師這一神祕的笑而寢食不安，心裡總是想：我哪裡說錯了呢？老禪師為什麼笑我呢？連睡夢中都會被老禪師那神祕的笑聲驚醒。他實在忍不住了，第二天清早，便前往方丈室請求老禪師明示：「師父！昨天在廣場我是哪裡說錯了呢？」

「你沒有哪裡說錯啊！」方會老禪師回答。

「那麼，師父為什麼笑我呢？」白雲禪師又問。

方會老禪師說：「你既然沒有說錯做錯，為什麼要在乎別人是笑是罵呢？你看過寺前廣場上專門耍把戲的小丑嗎？眾人對他指指點點戲笑嘲諷，他依然能心安理得，每天耍戲自如。而你被人一笑便弄得寢食不安，實在是連耍把戲的小丑都不如啊！」

我們生活在塵世間，就要與上司、同事、鄰里、父母、子女、親戚、朋友

相處，相互溝通交流時大家有不同的觀點和言論，甚至有時遭受一些風言風語的詆毀，這都不是什麼奇怪的事。正如《法句經》所說：過去，不會有人只遭詆毀，亦不會有人只受讚歎；未來，也不會有這種人；現在，同樣沒有這種人。這是人世間的現實。沉默者如是，雄辯者如是；卑微者如是，高貴者如是；凡庸者如是，超群者如是。

因此，面對別人對我們或是讚歎，或是指出我們的不足，或是說長道短、流言風語的詆毀，只要我們每天臨睡之前，回顧一下當天的言行，自信沒有過錯，那就安然地入睡；如果有過失，則應反思如何糾正，以後如何避免類似的錯誤。

放下對外境的執著，就不會在別人的情緒中悲歡，流言風語也自然成為過眼雲煙。切不可執著於外境而迷失自我，被人家的說三道四所左右，在別人的情緒中喜怒悲歡，否則，將是自我折磨。

淡定的幸福

放下對外境的執著吧！做自己的主人，做一個能享受自己本有的快樂的人。你會發現，天地原來是如此的澄明，世間原來是如此的祥和，人生原來是如此輕鬆自在！

心清淨如水，淡然而快樂

水，是一種最為常見的物質。它看似平淡無奇，毫不出彩，實則是一種神奇的物質。水以各種形態存在於塵世之中：或以氣態，如沸沸騰騰直上天空的氣霧；或以固態，如江河寒冬裡那純淨的白冰；或以最常見的液態，如涓涓東去的歡快溪流。

在大智大慧的哲人眼中，水更有著深奧而微妙的內涵。《道德經》提出了「上善若水」的觀點。老子告訴我們：至善的事物就像水一樣，水利於萬物，而不與萬物相爭，接近於「道」。

在禪家的偈語中，時常把心靈之態比做「心水」，細細品味也確有道理。一顆博大包容的心，可以享受從容和諧的生活。那顆包容的心，不正柔靜和合似水嗎？水之所以得到哲人、智者的讚頌，就在於它的和諧性與包容性。水不僅可以包容一切，也可以被一切所包容。不管它被置於其中的容器是圓或是方，它都能與之圓融無礙，和諧一致，並且不會丟失自己的本性。若人心也能平和如清淨之水，即使處於不同的處境和位置，甚至在「大海的波濤洶湧」之中，又會有何迷失，有何損傷呢？

禪者的心清淨如水，淡然而快樂，悠然而安詳；常人的心就需要透過「修學」保持在適宜的溫度。心若寒冷，被冷酷的情感凍結時，就會凝成愚鈍、自憐、卑微的冰塊，傷害自己和他人；心若燥熱，被熾裂的情感灼燃時，就會化成傲慢、貪婪、嗔恨的煙氣，灼傷自己和他人。

綜觀當今社會，我們看到，不健康的失衡心理給人們造成了很多精神上的苦悶和壓抑。更嚴重的是，深陷精神囹圄的各類心理疾患人數，還呈現出逐年遞增的趨勢。而人們的心靈之所以會不斷地遭受創傷，正是因為無法認清心的本相，無法保持水一樣平和清淨的狀態。

蘇東坡有句頗有禪味的名言：「人生有味是清歡」！對心境的參悟，其實就是對人生內在品質的一次提升。

人生原本就應不斷參悟，不斷提升，不斷完善自己的智慧，使生活變得更加輕鬆自在。

開悟的人就能得到永遠的幸福、快樂

心態決定思想，思想決定行為，行為決定習慣，習慣決定性格，性格決定命運。一旦你的心門打開了，心態調好了，就能「豪情壯志盡施展」，就能「珠璣錦繡任揮灑」。

在滾滾紅塵中，每個人都在追求幸福，但多少人真正瞭解幸福？要瞭解幸福，內心就一定要有智慧。那麼，一般人為什麼會得不到幸福呢？

原因出在他的感受是錯誤的。所以，他的心很亂很苦。舉例來說，當我們很誠懇地讚美一個人很能幹，如果這個人內心感受錯誤，他就可能會覺得你說的是反話，是在諷刺他。像這種事事懷疑、處處防備、過度保護自己的人，扭曲了別人的用意，幸福就會離他很遙遠。

再如，我們看到家境貧困的朋友，很誠心地告訴他，有困難時可以來找我們。感受錯誤的人，就會曲解我們的心意，覺得我們的善良是憐憫，是低看了對方。在有些人的心目中，世界上沒有好人，他們對外境不能正確的接受，時常感受錯誤，折磨了自己也痛苦了別人。

因此，我們對一切的逆境感受，要學習以歡喜心來接受。不要因過度敏感，而產生錯誤感受，因而平添自己的煩惱。

一位哲人說：「影響我們人生的絕不是環境，也不是遭遇，而是我們持有什麼樣的心態。」佛家說：「一水四見。」水對人類來說，是生命之源；對魚兒來說，是它們的房子；對鬼道眾生來說，是烈火；對天神來說，則是晶瑩剔透的水晶。

正所謂：「橫看成嶺側成峰，遠近高低各不同。」人們對事物的認識，不盡相同，對待事物的態度，同樣有區別。心態積極的人，即使在最危險的境地，也能看到光明的前方；心態消極的人，即使在勝利的彼岸，也找不到美好的未來。

原佛教協會會長趙樸初老先生有一首《寬心謠》：

「日出東海落西山，愁也一天，喜也一天。

遇事不鑽牛角尖，人也舒坦，心也舒坦。
每月領取活命錢，多也喜歡，少也喜歡。
少葷多素日三餐，粗也香甜，細也甘甜。
新舊衣服不挑揀，好也禦寒，賴也禦寒。
常與知己聊聊天，古也談談，今也談談。
內孫外孫同樣看，兒也心歡，女也心歡。
全家老少互慰勉，貧也相安，富也相安。
早晚操勞勤鍛鍊，忙也樂觀，閒也樂觀。
心寬體健養天年，不是神仙，勝似神仙。」
這種境界是多麼值得追求啊。

淡定的幸福

只要我們願意調整好心態，透過智慧的觀照，重新理清情緒與思維，將它轉到正向的一面，也會像神仙一般快樂逍遙。

人生最好過不忙不閒的中道生活

古人說：「人生太閒，則別念竊生；太忙，則真性不見。故士君子不可不抱身心之憂，亦不可不耽風月之趣。」意思是說：一個人整天遊手好閒，一切雜念就會在暗中悄悄出現；反過來整天奔波忙碌不堪，又會使人喪失純真的本性。所以，大凡一個有才德的君子，既不願使身心過度疲勞，也不願整天沉迷在聲色犬馬的享樂中。

有一個人死後，在去見閻王的路上，路過一座金碧輝煌的宮殿。宮殿的主人請求他留下來居住。這個人說：「我在人世間辛辛苦苦地忙碌了一輩子，我現在只想吃，只想睡，我討厭工作。」

宮殿主人答道：「若是這樣，那麼世界上再也沒有比我這裡更適合你居住的了。我這裡有山珍海味，你想吃什麼就吃什麼，不會有人來阻止你；我這裡有舒適的床鋪，你想睡多久就睡多久，不會有人來打擾你；而且，我保證沒有任何事需要你做。」

於是，這個人就住了下來。

開始的一段日子，這個人吃了睡，睡了吃，感到非常快樂。漸漸地，他覺得有點寂寞和空虛，於是他就去見宮殿的主人，抱怨道：「這種每天吃吃睡睡的日子過久了，一點意思都沒有。我現在是滿腦肥腸了，對這種生活已經提不起一點興趣了。你能否給我找一份工作？」

宮殿的主人答道：「對不起，我們這裡從來就不曾有過工作。」

又過了幾個月，這個人實在受不了了，又去見宮殿的主人：「這種日子我實在受不了。如果你不給我工作，我寧可去下地獄，也不要再住這裡了。」

宮殿的主人輕蔑地笑了：「你以為這裡是天堂嗎？這裡本來就是地獄啊！」

安逸的生活原來也是一種地獄！它雖然沒有刀山可上，沒有火海可下，沒有油鍋可赴，但它能漸漸的毀滅你的理想，腐蝕你的心靈，甚至可以讓你變成一具行屍走肉。

有時，無所事事也是一種難捱的痛苦，適度忙碌反倒是一種充實的幸福。

因此，聰明的古人歷來強調人生不可「太閒」，也不可「太忙」。要適度忙碌，適度享樂。下面的一則禪宗故事就生動地反映了這一思想。

曇照禪師每日與信徒開示，都離不開：「快樂呀！快樂呀！人生好快樂呀！」

可是有一次他害病了，在生病中不時地說：「痛苦呀！痛苦呀！好痛苦呀！」

住持大和尚聽到了，就來責備他：「喂！一個出家人有病，老是喊苦呀，苦呀，不好聽呀！」

曇照問：「健康快樂，生病痛苦，這是當然的事，為什麼不能叫苦呢？」

住持答：「記得當初你有一次，掉進水裡，快要淹死時，你且面不改色，那種無畏的樣子，視死如歸，你那豪情如今何在？你平時都講快樂，快樂，為什麼到病的時候，要講痛苦，痛苦呢？」

曇照禪師對住持和尚道：「你來，你來，你到我床前來！」

住持到了他床邊，曇照禪師輕輕地問道：「住持大和尚，你剛才說我以前講快樂呀，快樂呀！現在都是說痛苦呀，痛苦呀！請你告訴我，究竟是講快樂對呢，還是講痛苦對？」

淡定的幸福

人生有苦樂的兩面。太苦了，當然要提起內心的快樂；太樂了，也應該明白人生苦的真相。過度的快樂會使人麻木，甚至樂極生悲；過分的痛苦，會苦得無味，甚至消磨掉一個人的鬥志。人生最好過不忙不閒、不苦不樂的中道生活。

放下煩惱和憂愁，生活原本很簡單

佛經上說：懂得放下煩惱，即得自在。

一位滿臉愁容的生意人來到惠安大師的面前。

「師父，我急需您的幫助。雖然我很富有，但人人都對我橫眉冷對。生活真像一場充滿爾虞我詐的廝殺。」

「那你就停止廝殺唄。」惠安大師回答他。

生意人對這樣的告誡感到無所適從，他帶著失望離開了大師。在接下來的幾個月裡，他情緒變得糟糕透了，與身邊每一個人爭吵鬥毆，由此結下了不少冤家。一年以後，他變得心力交瘁，再也無力與人一爭長短了。

「哎，師父，現在我不想跟人家鬥了。但是，生活還是如此沉重——它真是一副沉重的擔子呀。」

「那你就把擔子卸掉唄。」惠安大師回答。

生意人對這樣的回答很氣憤，怒氣沖沖地走了。在接下來的一年當中，他的生意遭遇了挫折，並最終喪失了所有的家當。妻子帶著孩子離他而去，他變得一貧如洗，孤立無援，於是，他再一次向惠安大師討教。

「師父，我現在已經兩手空空，一無所有，生活裡只剩下了悲傷。」

「那就不要悲傷唄。」

生意人似乎已經預料到會有這樣的回答，這一次他既沒有失望，也沒有生氣，而是選擇待在惠安大師居住寺院的一個角落。

有一天，他突然悲從中來，傷心地號啕大哭了起來——幾天，幾個星期，乃至幾個月地流淚。最後，他的眼淚哭乾了。他抬起頭，早晨溫煦的陽光正普照著大地。他於是又來到了惠安大師那裡。

「大師，生活到底是什麼呢？」

惠安大師抬頭看了看天，微笑著回答道：「一覺醒來又是新的一天，你沒看見那每日都照常升起的太陽嗎？」

生活到底是沉重的，還是輕鬆的？這全依賴於我們怎麼去看待它。生活中會遇到各種煩惱，如果你擺脫不了它，那它就會如影隨形地伴隨在你左右，生活就成了一副重重的擔子。

淡定的幸福

「一覺醒來又是新的一天，太陽不是每日都照常升起嗎？」放下煩惱和憂愁，生活原來可以如此簡單。

善待怒氣，照顧好自己的心情

怒氣如同我們的器官，是我們的一部分。我們必須回歸自我，善待我們的怒氣。我們不能說：「怒氣，走開吧，我不要你。」你胃痛時，不會說：「胃，走開吧，我不要你。」正確的做法是學習如何去照顧胃。同樣的道理，我們也應該學會好好照顧我們的怒氣。

母親擁抱孩子時，她的能量貫穿孩子全身，使孩子得到撫慰。當怒氣襲來，你必須放下所有手邊的工作，因為最重要的事是回歸自我，好好照顧你的怒氣（孩子）。沒有什麼比好好照顧你的孩子更要緊的了。接納你的怒氣，吸氣、呼氣，往往這樣就行了。

一開始，你可能不瞭解你的憤怒是怎麼回事，不明白怒氣從何而來。如果你的「自覺」接納之，一切會逐漸清晰。「自覺」代表有心，能掌握情況，這是關鍵的生活能量。「自覺」的能量如同父母和長輩，細心照料受苦的孩子，還有我們的怒氣和一切不良情緒。

當我們好好照料我們的怒氣，我們就能放鬆；好好檢視我們的怒氣，就能看清楚許多事情。首先，我們會發覺，我們內在怒氣的種子滋生茁長，它是我們憂擾的主因。如果我們認清這個事實，我們就會知道，我們氣的那個人、那些事，並不是我們生氣的真正原因。

我們生氣時，必須承認怒氣來了，而且需要我們去照料。此時我們在氣頭上，最好什麼都不要說，什麼都不要做，立即回歸自我，引進自覺的能量，來接納、認識、照顧好我們的怒氣。

要看清楚自己的怒氣是怎麼回事，首先是接納與認識：「怒氣既然來了，我會好好接待的。」再就是仔細回想，看看怒氣從何而來。不論你在開車、走路、煮飯還是洗衣服，都要自覺接納你的怒氣。如此，你才有機會認清你之所以生氣的緣由。

自覺呼吸，自覺於戶外行走，是接納怒氣的好方法。所有的心理現象，包括憤怒、妒忌、絕望等等，都懾服於自覺的力量，如同草木都懾服於陽光。

用打枕頭或大叫等紓解方法的人，其實是在演練怒氣。生氣時打枕頭來發洩，是很危險的習慣，像是在做攻擊訓練。智者之道是激勵自覺的能量，大方接納怒氣。

吃馬鈴薯不能吃生的，至少要用火煮十幾分鐘。同樣的道理，你也要用自覺的火把你的怒氣煮一煮，可能要花十分鐘、二十分鐘，或者更久的時間。

我們內心存有怒氣的種子，也有愛與慈悲的種子。在我們的意識裡，有許多負向的種子，也有許多正向的種子。聰明的做法是：負向的種子別去澆水；找出正向的種子，每天澆水。

淡定的幸福

我們每個人內在都有一座花園，有心人都必須回到自己的花園澆水除草。也許你已經任其荒蕪許久了。你應該確實掌握你自己花園的狀況，設法讓一切歸於條理，讓花園重現美麗與和諧。如果好好經營，包括你自己在內的許多人都能享受你花園的美景。

當心情不好時，要學會調適自己

你也許經常這樣問自己：「我快樂嗎？有什麼可以讓我快樂嗎？……」你冥想一分鐘，就喪失快樂六十秒。其實，快樂就是這樣，在不知不覺間，悄悄從你指尖溜走……

我們要學會發揮自己內心的作用，把一切不快樂轉換為快樂。每個人都天生具有這種能力，這是人類的一種潛能、一種本能。

每個人在一生中都會遇到不順心不如意的事情，人生本來就是螺旋式的上升，穩中求發展；每一個人都會遇到困難和挫折，就像一塊大石頭橫在了你要前進的路中間，使你看不到你的前途和未來在哪裡。

其實，這些都是一種假象，一種暫時的境況。要懂得，每個人都需要磨練，就像金子需要熔化才能製造出一件金器一樣。玉不琢不成器，石頭不經過雕刻不能成佛像。我們需要做的是：笑一笑，然後繞過大石頭，跨越障礙，好像什麼也沒有發生過似的，繼續自己的行程。人人都這樣，沒有什麼了不起，沒有誰的一生是一帆風順，事事如意。

有時候，你會覺得自己身處茫茫的黑夜裡，掉進情感的沼澤地，痛苦如同黑夜一樣，是那樣的漫長，內心除了無盡的痛苦之外，你看不到一點光明……此時，你的人生進入了一個黑箱，這只是人生歷程表上考驗你的一個實驗，這也許就是人人都要交給人生的一份試卷，就看你如何應對了。擁有智慧的人懂得：黑夜過去了一定是黎明。

當心情不好時，你要學會調節自己，驅散內心的陰霾。洗個熱水澡，閉上眼睛慢慢享受，讓宇宙中的瓊漿甘露沖刷乾淨你的身體和心靈，讓你的身體散發出香味；換上一身乾淨的衣服，什麼都別做，閉上眼睛，背對太陽，享受陽光，讓午後的強烈的陽光給你的背部消消毒，你的身心就會變得亮堂堂暖洋洋；為自己沏上一杯咖啡，多加點糖，悠閒地品味著，如同品味香濃的人生；或者沏上一壺清茶或者紅茶，在時光隧道裡體會禪茶一味的清香。如果累了，就休息好了，好好地睡個懶覺……

在生命的過程中遇到不如意的事是很正常的，沒有一個人會一生都如意美滿，重要的是不要使那不如意成為我們生命中的主導，而應該讓其成為我們生命中的動力，以坎坷來增長我們的智慧，這樣，我們就能獲得生命真正快樂的源泉了。

淡定的幸福

人生有苦惱最正常不過，化解了，就什麼都沒有了。你要用你的智慧去克服一切暫時的困難，用你的心去轉換一切境界。

幸福的基礎來自於慈悲和智慧

智慧是什麼？智慧即是認清事物的本質，將心靈的高貴面儘量表現出來。當一個男人遇見深深吸引著他的女子，他便希望再見到她，他的快樂和滿足來自於她的出現。但是，當情況改變，他無法再見到她時，他不可以有不講理且愚蠢的舉止。畢竟，在人類經驗中包含了無法滿足的一面。假如他對她不存有虛幻的依戀和自私的執著，他就能從這種痛苦中，找出相對的自由。

在快樂的人生中，痛苦和悲哀仍然存在著；但是，這並不意味著人們無法由感官快樂中找到快樂的感覺。只是這種愉悅是短暫的，而且無法提供永恆的幸福。對於這項事實的瞭解，即是智慧。

幸福的要素是單純的，它們是一種心靈狀態，無法透過我們週遭的事物——例如財富、權力或名聲而獲得。當人們畢其精力積累超過他們所需的財富，直到發現儘管擁有全世界的金錢，也無法買到少許幸福時，他們才會醒悟和懊悔浪費了生命，但為時已晚。所以，我們必須認清追尋感官快樂和幸福是兩回事。感官的刺激容易消失，無法提供人們永恆的幸福。而且，我們可以用金錢換取感官上的快樂，卻無法買到幸福。幸福的基礎來自單純的善良和清晰的是非觀念。

除非人們對自己感到滿意，否則無法感到快樂。幸福猶如香水，當你灑向他人時，你也能沾其芬芳。假如你想獲得寧靜、愉快的生活，就要儘量給別人帶來寧靜和愉快。同時，你不應期望他人的感謝。

淡定的幸福

假如我們希望獲得幸福，那麼，讓我們不再介意他人是否為我們的付出而感謝，只要衷心地給予他人你所擁有的。不知感恩圖報是很自然的，如同雜草般會輕易蔓延滋長；而感謝的心卻如玫瑰般，需要人們的培養、灌溉、愛心和保護。

第二章

保持平常心，追求隨緣任運的生活

用平常心去看待貧富、成敗與磨難，以一種淡泊名利、榮辱不驚、寬容仁慈的心智模式去踏踏實實地生活，才可以無滯無礙，多樣化而少拘束。

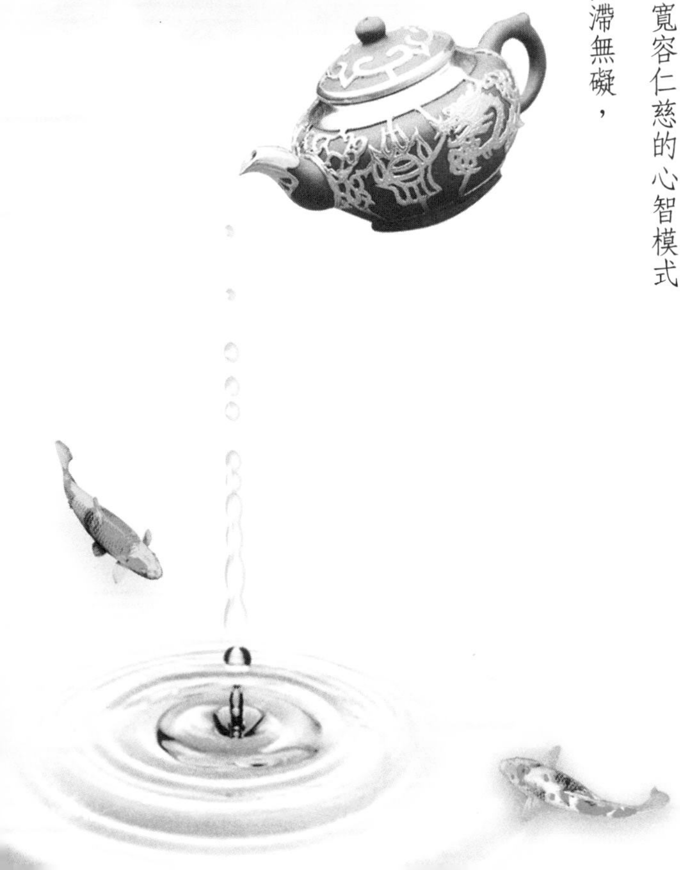

以一種平常恬靜的心態去品味生活

古人說：以平常心觀不平常事，則事事平常。馬祖道一禪師則進一步指出：「平常心是道」——「無造作，無是非，無取捨，無斷常，無凡無聖。只今行住坐臥，應機接物，儘是道。」平常心，就是長沙景岑禪師所說的要眠即眠，要坐就坐，熱時取涼，寒時向火，沒有分別矯飾，超越染淨對待的自然生活，是本來清淨自性心的全然顯現。如果著意追逐客塵，有心造作攀求，反而會喪失平常心的和諧性平衡性，而成為反常心、異常心。

什麼是「平常心」？為什麼古人論「道」就是論這個「平常心」？既然這個「平常心」等同於「道」，還是常人所津津樂道的那個平常心嗎？

所謂平常心，不過是我們在日常生活中處理周圍事情的一種心態。平常心應該是一種「常態」，是有一定修養後方可具有的，它屬於一種維繫終身的

「處世哲學」。如孟子所說的：「仁是人的心，義是人的路。」說到底，平常心不過是「無為、無爭、不貪、知足」等等觀念的匯合而已。作為一種處世態度，也可進一步解釋為：淡泊之心、忍辱之心或仁愛之心……但是，「無為」並不等於提倡無所作為，「無爭」並不等於不與惡勢力抗爭……

平常心是經歷磨難、挫折後的一種心靈上的感悟，一種精神上的昇華。我們需要平常心來感受真實，陶冶情操，體味平淡瑣碎中的縷縷深情；我們需要平常心來獨守孤獨寂寞，走過泥濘風雨，潛心播種與耕耘；我們同樣也需要平常心來撫慰創傷，化解恩怨，梳理愁緒，擦淨心靈上的污垢。有一句話說，懷著平常心，就是要使自己從私念物慾中擺脫出來，淡泊明志，寧靜致遠。

保持平常心，最關鍵的是，對自己的人生價值要有正確的定位。生活的辯證法告訴我們，恰恰就是要投身於不起眼的平常的人和事之中，才能創造出不平凡的人生價值。

「竹杖芒鞋輕勝馬，一蓑煙雨任平生。」只有以一種平常恬靜的心態去品味與珍惜生活中的酸甜苦辣，去參透與超越人世間的功名利祿，才有可能真正實現人生的快樂和圓滿。

淡定的幸福

事事平常，事事不平常。平常心，實不平常。

真正的美麗，就在我們自己的心裡

《禪宗無門關》中有一首很美麗的詩偈：

春有百花秋有月，夏有涼風冬有雪，

若無閒事掛心頭，便是人間好時節。

平平常常的句子，表達的是極自然不過的事實，可是組合在一起，竟然有了一種無與倫比的美。

每一個人的生活本來都應該是輕鬆愉快的、瀟灑自在的。仔細地想一下，卻會讓我們吃驚：大多數人沒有這種生活感受；相反，不是覺得生活沒勁，就是覺得生活很累。每個人的四季裡，充滿了每一個人對於生活的不同的感受。四季裡本來是花紅柳綠；然而事實上，好多人生活態度是灰色的。因此，有必要適當地調整心態。

我們只有越來越珍惜每一天的生活，用心地來愛這個世界、來愛這個世界上的一人一物，才能夠在平常的日子中找到生活的意義。

熱愛生活，心才會始終保持敏銳，不致麻木；生活中的每一天才會是美好的、幸福的。生活中並不是缺少美，而是我們的眼睛缺少了發現。如果擁有一雙善於發現的眼睛，那麼我們就會從平平淡淡的生活裡，發現很多很多的關於生命本身存在的美麗，那麼人間無不是好時節！

人間的好時節都來自我們的心，來自我們當下的生活。

有一個人乘船渡江時看到蕩蕩流水很是欣賞。可是不久，風從不知何處吹來，怒波驚濤震天撼地，一葉小舟起伏不定，讓人害怕。他嚇得口張得很大，再也沒有心思來欣賞江上的美景了。風過後，又是一片美麗的江上風光。他靜下來，想起自己剛才的恐懼，而搖船者的若無其事，便問：「你不怕這麼大的波浪嗎？」

「怕什麼，不就是水嗎！」

波濤也罷，靜水也罷，都是水啊！歡欣亦或苦惱都是生活。迷惑於那些外在東西，就不會認識到事物的本相。紅塵十丈裡，心隨著外在事物起伏，就不會有時間來觀照自己，哪裡還有心思來發現生活中的美呢？

在生活中人人都會遇到各種問題。對於這些問題只要一執著，馬上就會陷入煩惱中去。為什麼呢？因為心沒有自己做主，而是跟著那些外在的東西一起沉浮。

野外有一株從春到秋不斷開花的樹，可是有多少人真正來注視它呢？樹並不寂寞，也不去理會這些，它開著自己的花，美麗的花朵開放著，人們卻視而不見，發現不了。生活就是這樣，如果心被一些沒有必要的、以及那些所謂有必要的事情填滿，就沒有心情來關注生活本身所具有的無與倫比的真正的美麗了。即使是遍地花開，沒有一個熱愛生活的心靈、沒有一雙屬於自己的眼睛，又哪裡有美好的東西，哪裡有好時節？

如果心靈已經麻木了，即使爬上山，也欣賞不到美麗的風景。又有幾個人真正不辜負了這份美？

人們日益習慣於造作的生活，哪裡會真正認識自己，認識人間的好時節呢？有人說：「熟悉的地方沒有景色」。是沒有呢，還是心已經麻木了呢？其實，真正的美麗，就在我們自己的心裡！

淡定的幸福

對於生命本身，不如放下那些沒有意義的事，來實實在在的做些平凡的、現實的事情。為什麼總渴望擁有遠方的玫瑰園，而不來親自動手種植玫瑰？一切的美好來自當下！來自當下的好時節！如果真正睜開自己的眼睛，就會看到三千大千世界的每一粒微塵都在大放光明！

參透事物的本來面貌，自由自在

李翱是唐代著名思想家、文學家，他非常嚮往惟嚴禪師的德性。任朗州刺史時，他曾多次邀請惟嚴禪師下山參禪論道，都被惟嚴拒絕了。後來，他親自去拜見惟嚴禪師。

李翱去的那一天，巧遇禪師正在山邊樹下看經。

雖然是太守親自來拜訪自己，禪師毫無起迎之意，對李翱不理不睬。侍者提醒惟嚴說：「太守已等候您多時了。」惟嚴禪師只當沒聽見，繼續看經。

李翱是一個急性之人，看禪師這種不理睬的態度，忍不住怒聲斥道：「真是見面不如聞名！」說完，便拂袖欲去。

惟嚴禪師這時候才慢條斯理地問：「太守為何看中遠的耳朵，而輕視近的眼睛呢？」

這話是針對李翱「見面不如聞名」（眼之所見不如耳之所聞）而說的。李翱聽了亦驚，忙轉身拱手謝罪，請教什麼是「道」。

惟嚴禪師用手指指天，又指指地，然後問他道：「理解了嗎？」李翱搖搖頭說：「沒有理解。」惟嚴禪師便解釋說：「雲在青天水在瓶。」

當時，李翱正在思索，突然一道陽光射了下來，正巧照見瓶中的淨水，李翱頓有所悟，不禁隨口念了一偈：

練得身形似鶴形，千株松下兩函經。
我來問道無餘說，雲在青天水在瓶。

惟嚴禪師開始故意不理睬李翱，是想挫挫他的傲氣和火氣，最後見他氣和心平之後，這才對他說了入道的真諦：雲在青天水在瓶。

後人認為，惟嚴禪師的「雲在青天水在瓶」大約有兩層意思，一是說，雲在天空，水在瓶中，正如眼橫鼻直一樣，都是事物的本來面貌，沒有什麼特別的地方。你只要領會事物的本質、悟見自己的本來面目，也就明白什麼是道了。二是說，瓶中之水，猶如人的心一樣，只要保持清淨不染，心就像水一樣清澈，不論裝在什麼瓶中，都能隨方就圓，有很強的適應能力，能剛能柔，能大能小，就像青天的白雲一樣，自由自在。這不就是一顆平常心嗎！

淡定的幸福

平常心就是沒有矯飾，超越高低貴賤、得失名利，是本來清淨自性心的全然顯現。平和的心態能消除褊狹和狂傲之氣，捨去浮躁和虛華，以一顆平常心面對人生，就會腳踏實地走好人生的每一步。

平淡的生活才是最好的生活

一個人從小到大常常有很多慾望，為了實現這些慾望，常常會想盡各種辦法，動用種種可以利用的手段。可是，人的慾望是無止境的，當一種願望實現以後，還會絞盡腦汁去追求另外的目標。其實，當這些整天為了自己的慾望奔忙的人，停下來反觀自心的時候，才會發現，平淡的生活才是最好的生活。

人活著何必一定要追求轟轟烈烈呢？平淡是一種享受。在人生旅途中行走了幾十年，以一顆平常心經營自己的生活，平平淡淡地對待一切，即使過得很平常，其實會很愜意，很舒心。

佛教中有一則掃地和尚的故事，說的是在一座縣城裡，有一位老和尚，每天早上天濛濛亮的時候，就開始掃地，從寺內掃到寺外，從大街掃到城外，一直掃到離城二三里遠。天天如此，月月如此，年年如此。小城裡的年輕人，從小就看見這個老和尚在掃地。老和尚雖然很老很老了，就像一株古老的松樹，不見它再抽枝發芽，可也不見衰老。

有一天，老和尚坐在蒲團上，安然圓寂了，但小城裡的人誰也不知道他活了多少歲月。過了若干年，一位長者走過城外的一座小橋，見橋上鐫著字，字跡大都磨損，長者仔細辨認，才知道石上鐫著的正是那位老和尚的傳記。根據老和尚遺留的戒牒推算，他活了一百三十七歲。

老和尚曾說過一道詩：

掃地掃地掃心地，心地不掃空掃地。

人人都把心地掃，世上無處不淨地。

從中使人悟出，平淡對人心清淨的重要。

現代人也許會譏笑這位老和尚除了掃地、掃地，還是掃地，生活太平淡，太清苦，太寂寞，太沒出息。其實，這位老和尚就是在這平淡中，給小城掃出了一片淨土，為自己掃出了心中的清淨，掃出了一百三十七歲的高壽，誰能說這平淡不是人生智慧的提煉？

人生在世，不可能沒有慾望。除了生存的慾望之外，人還有各式各樣的慾望。慾望在一定程度上是促進社會發展和自我實現的動力。可是，慾望是無止境的，尤其是現代社會，物慾更具誘惑力，如果管不住自己的慾望，隨心所欲，就必然會帶來痛苦和不幸。

精神的自由比行為的自由更重要。精神自由的人，大多能慎物節緣，自甘平淡，保持一種寧靜超然的心境，做事會不慌不忙、不躁不亂、井然有序，面對外界的各種變化不驚不懼、不慍不怒、不暴不惱，而在物質的利誘面前也心不動、手不癢。沒有小肚雞腸帶來的煩惱，沒有功名利祿的拖累，活得輕鬆，過得自在。白天知足常樂，夜裡睡覺安寧，走路感覺踏實，驀然回首時也沒有遺憾。心靈常處於一種穩定、平衡、有規律的正常狀態，這是心靈的最大舒展。

淡定的幸福

一個人自由不自由，不在於隨心所欲，而在於能時時順心盡意。

清淨自在的心才是最珍貴的

人對自己的一生往往是無限地追求，學位、工作、名望、財富、家庭，是一條沒有終點的追求之路，一個階段接著下一個階段，滿足了嗎？沒有！反而墜入下一個追求的目標，永無止盡。我們不妨靜下心來，回顧一年、五年、十年前的自己，是不是就像南柯一夢？究竟你是隨波逐流，還是找到了生命中真正的目標？

有一則公案，印度禪宗二十七祖般若多羅曾到某個國家弘法，國王十分虔誠，供養尊者相當名貴的寶珠，而尊者臨行前問了三個太子一個問題，他問：「世間有沒有比寶珠更珍貴的東西？」大太子回答說，最好的寶珠已經供養給尊者了，已經沒有比這更珍貴的物品了；二太子也答了相同的答案；三太子則表示：這的確是最珍貴的寶珠，因為「珠不知珠，寶不知寶」，它的價值是相對的，當人不覺得它珍奇，那就是垃圾了。這位三太子就是後來的達摩祖師，他釋義了這寶物的價值。

昔日六祖惠能禪師，聽五祖弘忍禪師講《金剛經》，至「應無所住，而生其心」，豁然大悟，即說：「何其自性本自清淨，何其自性本不生滅，何其自性本自具足，何其自性本無動搖，何其自性能生萬法。」

自在、快樂、智慧何處尋？真正的自性，近在咫尺，不從外得。每個人手裡皆有把通往天堂之路及開啟地獄之門的鑰匙，想開哪一道門？往往就在這念心中。人心若向外企求，便充滿錯覺及顛倒，這念心始終遷流不停。

淡定的幸福

保持當下清淨的心、不打妄想、清楚明白，人自在了，即能處處作主，享受生命真正的自由。

回歸到自己，以平常自然的心去生活

生活就是充分發揮自己的潛能，創造人類共同財富的過程，而不是勉強自己與人爭奪，把自己的時間和精力浪費在無止境的人生慾望之中。人只要能回歸落實到生活的本身，接納自己，實現自己，就可以生活得安然自得。安適的情懷不是追求來的，不安的心也不是外面能強加給我們的。人的精神生活是否輕鬆是自己能否維持一個純真的心態的關鍵。

有一天，慧可禪師問達摩：「我的心裡很不安，請老師為我安心。」

達摩說：「你把心拿來，我替你安上。」

慧可想了好一會兒說：「我已經找過，可是找不出來。」

達摩說：「好，我已經把你的心安上了。」

在這麼簡短的對答中，慧可豁然領悟到：自心本來就是安的。所有的不安，是在生活上妄加挑剔、強作追求所造成的。

人的擔憂和煩惱，比現實情況往往要大許多倍。這是由於人類幾千年來，過度強調未雨綢繆，過度渲染憂患意識，誇大失敗的消極意義，而使得人類普遍染上的一種不安意識。而聰明的人懂得，我們應當預做準備，但不可以變成懼怕的心態，因為它會使我們變得不安。我們去做計劃，去保持細心謹慎的處世習慣，而不必為此過分憂慮。我們保持樂觀向上積極進取的心態，而不要存有與現實無關的擔憂。如果有這些不實虛無的擔憂，許多人便會一蹶不振，抑鬱難安。

一次，智閒禪師問眾弟子：「有一個悟道的人，他口銜樹枝，腳無所踏，手無攀附，掛在千尺懸崖上。這時，忽然有一位求道者來問佛法大意是什麼。如果開口回答，就要跌落深谷；如果不回答，則違背出家人隨時慈悲開示的本分。在這種情形下，他該怎麼辦？」

當時在座的弟子都面面相覷，不知如何對答。

這時，座中有一位叫招上座的學生便站起說：「師父，先別問他咬在樹上怎麼辦。我倒想先問他為什麼要上樹去自尋煩惱？」在這句反駁的話裡，招上座已經點出：人為什麼要自討苦吃，到那危險的地方去惹來那些困擾呢？引申開來說就是，為什麼人要為了名利地位而赴湯蹈火，惹起那麼多煩惱和不安呢？其實，明知別人不一定會讚美自己，卻想盡辦法要得到別人的青睞，於是使我們的生活陷於困頓之中。

淡定的幸福

人的精神生活是不能摻雜挑剔的，更沒有必要為自己尋求藉口充面子，畏首畏尾。只有以平直自然的心去生活，真正地回歸到自己，才能肯定自己，享受自得自在的生活。

從容地享受人生

我們如果有顆安靜的心，即使是默默坐著，也可以感受到時間一步一步從心頭踩過。

當時間在流動的時候，使人感覺到自然中美麗的景觀固然能撼動我們的心，但人文裡時常被忽略的東西，也一樣能震盪我們。例如，一口在荒煙中被棄置的古井，海岸邊已經剝蝕的廢船，一個在村落邊緣撿到的神像，斷落了的一堵牆……

人，在這個宇宙之間，多麼渴望企圖去創造一些什麼。有時是為了生活的必須，有時是對生命永恆的追求，有時，只是無意間的創作罷了。

時間以一種無聲的腳步刷洗著人所創造的事物，使它從歡躍的春天，成為凋零的冬天。

這就是無常，無常是時空中一種必然之路，我們不能常住於某種情境、某種愛，也不能常住於憂傷或落失。

那就像坐在森林裡聽鳥的歌唱，每一聲都那麼相像，而每一聲都有所不同。

然而，換一種思路去看，一聲鳥鳴，或一堵斷牆，其實是沒有不同的。我們每天看一堵牆，彷彿相似。其實，每天都不一樣，有一天它會斷頹；有一天，它會完全地粉碎。

有一隻鳥，從空中飛過。須臾，又返回來。但已不是前面的那隻鳥了。

這就是日子。

日子是那只一去不復返的鳥，日子也是那一隻隻相似的小鳥。惟其一去不返，才讓人珍惜。惟其相似，才產生悠閒。

日子是結在園圃中的花苞，似開未開；日子是凝在果實上的露珠，將滑不滑；日子是在雲層間穿梭的太陽，欲休未休。

日子不急。它不會受到驚嚇，也不怕騷擾。它有天地的外表，聖賢的內心。它不會因為你跑它也跑，你停它也停，你飛它也飛。

日子是永恆的流動。不管爬攀峻嶺，抑或飛越險澗，它都呈現出同一種姿態，瀟灑而寧靜。倏忽之間，即讓世界盛衰榮辱，俱成過眼雲煙。

淡定的幸福

日子最小，又最大；最淺，又最深；最輕，又最重；最浩浩蕩蕩，又最不動聲色。在某種程度上可以說，人生沒有目的地，人生只是一個過程。大家都從容點不好嗎？

淡泊的境界不是遙不可及的

在日常生活中，很多人都喜歡談論淡泊。有人說：淡泊是清虛自守；有人說：去浮戒躁方為真淡泊；還有人說：淡泊就是光求趣，不求利……聽上去，似乎各有各的道理。其實，淡泊這一境界，並非是一種心嚮往之而不能達的理想，而僅僅是一種沖淡平和的心境。

「采菊東籬下，悠然見南山」，是回歸自然的淡泊；「悟入無懷境界，一輪之心月獨明」，是以心為禪的淡泊。

唐代詩僧寒山把多年修行的感悟，用詩歌的形式表達出來，達到了很高的境界。其中有一首詩中寫道：「登陟寒山道，寒山路不窮。」其字面意思是：登上寒山的山道，寒山上的道路不絕。接下來四句：「溪長石磊磊，澗闊草濛濛。苔滑非關雨，松鳴不假風」。用形象的語言描寫了山中的風景。

很多人初讀，以為是吟風弄月；這四句詩是一種非常幽遠的境界，如同空谷足音一樣難聞難見。最後兩句：「誰能超世累，共坐白雲中」，是全詩的詩眼。誰能擺脫世俗的牽累，與我共同坐在白雲中呢？白雲並非實指，而是代表了一種至高意境。

淡泊不是生活的目標，而是一種生存態度。生活的目標當然可以高遠些，而生存態度則不妨從容平淡。從平淡走向豐富，透過學習與積累就有可能實現。從豐富再返回或轉入另一種平淡，則需要較高的人生修養，方能達到此境。

淡定的幸福

淡泊的境界並非邈不可攀，關鍵要認清淡泊的真義。

重要的是活在當下，享受這一刻

如果現在你有時間，不妨專心想一想當下活著的這一刻。很多人的生活之所以不夠幸福，往往就是因為忘了好好活著，忘了當下的這一刻。

生活可以過得很簡單，甚至很美好。我們何必畏懼當下沒有發生的事？我們如果不過度計劃，把自己壓得喘不過氣來，就有時間好好生活。如果不在乎失去錢財和權力，我們就能放下重擔，感到從容安詳。

如果我們的生活能務實一點，不過分奢望，就容易得到滿足；如果我們對人生不那麼患得患失，或許能活得更久。

如果我們不這麼顧慮自己、苛求自己，就會更平靜，也許還能更健康。如果我們先打理好自己份內的事，再去處理別人的問題，也許會更得心應手。

如果我們善待他人，他人多半也會善待我們。如果我們不過分以自我為主，我們會更自在，別人也會更喜歡我們。

如果我們不欺騙自己和他人，世界會更單純，更皆大歡喜。我們要活在當下——因為只有當下這一刻才真正存在。而焦慮、恐懼、希望，都是從意念而來。

時時刻刻保持平靜安詳。

我們不那麼執著於自我、錢財、成功或名望，並且有心理準備隨時可能失去一切，這樣的人很快就會找到真正的滿足。只有準備好隨時失去一切的人，才能真正擁有一切。因為他們沒有憂慮、對未來不恐懼，所以能活在當下，全心投入對他們最有益的事情。

淡定的幸福

當你接受了正面的能量，才能把好的事物帶給別人。單獨的一滴水，很快就會乾去；但在永恆之海中，它卻長存不滅。

隨緣自適是人生的大智慧

在這個世界上，凡事不可能一帆風順，事事如意，總會有煩惱和憂愁。當不順心的事時常縈繞著我們的時候，我們該如何面對呢？佛家主張：「隨緣自適，煩惱即去」。

何為隨？隨不是跟隨，是順其自然，不怨恨，不躁進，不過度，不強求；隨不是隨便，是把握機緣，不悲觀，不刻板，不慌亂，不忘形；隨是一種達觀，是一種灑脫，是一份人生的成熟，一份人情的練達。

何為緣？世間萬事萬物皆有相遇、相隨、相樂的可能性。有可能即有緣，無可能即無緣。緣，無處不有，無時不在。你、我、他都要依靠緣發生聯繫。常言說：「有緣千里來相會，無緣對面不相識。」萬里之外，異國他鄉，陌生人對你哪怕是相視一笑，這便是緣。也有的雖心儀已久，卻相會無期。緣，有聚有散，有始有終。所謂「天下沒有不散的筵席」，緣是一種存在，是一個過程。

苦樂隨緣，得失隨緣，人生有所求，求而得之，我之所喜；求而不得，我亦無憂。若如此，人生哪裡還會有什麼煩惱可言？

「隨緣」，常常被一些人理解為不需要有所作為，聽天由命，由此也成為逃避問題和困難的理由。殊不知，隨緣不是放棄追求，而是讓人以豁達的心態去面對生活；隨緣是一種智慧，可以讓人在狂熱的環境中，依然擁有恬靜的心態、冷靜的頭腦；隨緣是一種修養，是飽經人世的滄桑，是閱盡人情的經驗，是透支人生的頓悟。隨緣不是沒有原則、沒有立場，更不是隨便馬虎。「緣」需要很多條件才能成立，若能隨順因緣而不違背真理，這才叫「隨緣」。

生活中，常有人會有這樣的感慨和迷惑：「為什麼有的人不喜歡我？」「為什麼有的人不理解我？」「為什麼會是這樣？」若從隨緣的角度看，不喜歡不需要任何理由，喜歡也不需要任何理由；理解不需要任何理由，不理解也不需要任何理由。緣份就是緣份，有無緣不需要任何理由。能領悟到這一點，便會減少很多煩惱。

大千世界芸芸眾生，可謂是有事必有緣，如喜緣、福緣、人緣、財緣、機緣、善緣、惡緣等。萬事隨緣，隨順自然，這不僅是禪者的態度，更是常人快樂人生所需要的一種精神。

隨緣是一種平和的生存態度，「寵辱不驚，閒看庭前花開花落；去留無意，漫隨天外雲卷雲舒。」放得下寵辱，那便是安詳自在。吃飯時吃飯，睡覺時睡覺。凡事不妄求於前，不追念於後，從容平淡，自然達觀，隨心，隨情，隨理，便識得有事隨緣。

在繁忙的名利場中，若能常得片刻清閒，放鬆身心，靜心體悟，日久功深，你便會識得自己放下諸緣後的本來面目。

莊子妻死，他知道生死如春夏秋冬四季的變化運行，既不能改變，也不可抗拒，所以他能「順天安命，鼓盆而歌」；陸賈《新語》云：「不違天時，不奪物性。」講述了在遷流變化的無常中，安身立命，隨遇要安。

隨緣，是一種胸懷，是一種成熟，是對自我內心的一種自信和把握。讀懂隨緣的人，總能在風雲變幻、艱難坎坷的生活中，收放自如、游刃有餘；總能在逆境中，找尋到前行的方向，保持坦然愉快的心情。隨緣，是對現實正確、清醒的認識，是對人生徹悟之後的精神自由，是「聚散離合本是緣」的達觀。

隨緣於生活中的點點滴滴，隨緣於大河的洶湧，也隨緣於細流的涓涓，隨緣於親朋的關懷，也隨緣於陌路的指引。只要你不拒絕隨緣，隨緣便時時盛載著生活的恬然！

因為隨緣於白雪的純潔，所以不在乎冬天是否寒冷；因為隨緣於心靈的真誠，所以不在意面容是否醜陋；因為隨緣於人生的淡泊，所以不在乎是否擁有功名利祿。因為隨緣，於是這個世界美麗了許多！

淡定的幸福

擁有一份隨緣之心，你就會發現，天空中無論是陰雲密佈，還是陽光燦爛；生活的道路上無論是坎坷還是暢達，心中總是會擁有一份平靜和恬淡。

第三章

讓生命融入更多的智慧力量

沒有今天的明天是不存在的。

修練自我，是為了讓生命融入更多的智慧力量。

勘破小我，找到自己的生命本源

許多寺院的禪堂的牆壁上、柱子上都寫有「念佛是誰」的警語，那就是禪要認識自我的一個題目，一個要求。不但是要追問念佛的是誰，還可以無窮無盡地追尋下去：在此講法的是誰？在此聽法的又是誰？打坐的是誰？思考的是誰？吃飯的是誰？睡覺的是誰？知寒、知熱、知疼、知癢、要這、要那的是誰？知道歡喜的誰？知道痛苦的又是誰？……

所謂「父母未生誰是我，生我之時我是誰」，這是亙古及今的一大謎團、一大迷惑。

六祖自黃梅得法南歸廣東的途中，五祖會下有一位慧明上座追趕而至。及至追到六祖，六祖以為是來奪衣缽，就把衣缽放到石上，讓他拿去。慧明走到衣缽跟前，想拎那一套衣缽，結果拎不起來。這時，慧明上座發了慚愧心，就向六祖說：「我是為法而來，並非為衣缽而來！」六祖說：「既是為法而來，就請你在思想上排除一切念頭，善的念頭、惡的念頭，一切都排除乾淨。在這個時候，你往內心深處好好地觀照，不思善，不思惡，誰是慧明上座的本來面目？」慧明就在六祖這一言啟發之下，找到了自己的本來面目。

所謂認識自我，就是這種情形，就是這種面貌，就是這種過程。

我們每一個人都堅持著「我」的存在，處處都在表現「我」的存在，處處都在宣揚和渲染「我」的存在。「我」要穿好一點，使人看了高興；「我」要吃胖一點，使人看了舒服；「我」要有錢，「我」要有房子，「我」要有車子，「我」要有一切……

一切奇想都是圍繞「我」字而展開。這個「我」是個什麼「我」呢？這個「我」是一個充滿了偏執的我，這個「我」是一個侷限性極大的我。這個「我」不管你把它想得多大，這個「我」不管要擁有多少，它都是一個微不足道的小我而已。為什麼說它是小我呢？因為它有執著，有侷限，沒有突破執著，沒有突破障礙。所以，它始終是一個有限的生命，不是一個無限的生命；它始終是一個小生命，不是一個大生命。即使我們誇海口地說一句：「我的生命與宇宙同體。」那還是有侷限性。因為宇宙還是有侷限。而且，這種海口誇出來，並不是實證，僅僅是知性上的大話而已。

淡定的幸福

當我們斬斷一切思維，一念不生，萬慮俱息之時，如果有好消息從心靈深處突然傳遞出來，就好像平地一聲雷一樣，在這個時候，我們的內心世界會有一個極大的爆破、碰撞。如果機緣成熟，那就突破了小我，認識了真正的我。

認識自己，就能夠獲得應有的幸福

文明的發達和科技的進步，使人類能夠在宏觀上認識其他星球，可以遨遊於太空之中；能夠在微觀上直探物質的本原，發現物質的基本組織結構。遺憾的是，這所有的一切卻不能幫助人類完全地認識自己。

如果我們不能對自己有清醒的認識，就不能掌控自己的心念，不能在煩惱生起的當下觀照它、克服它。如果我們想從痛苦中得到解脫，首先就得認識自己。如何才能認識自己呢？

當年，佛陀在菩提樹下成道時方才發現：奇哉！奇哉！一切眾生皆有如來智慧德相，只因執著妄想而不能證得。

大珠慧海禪師參拜馬祖。馬祖問：「來這裡幹什麼？」

慧海禪師答道：「來求佛法。」

馬祖說：「我這裡一物也無，求什麼佛法？自家寶藏拋棄不顧，到處亂跑做什麼？」

慧海禪師問：「哪個是我的寶藏呢？」

馬祖答道：「現在問我的就是你的寶藏，一切具足，更無欠少，使用自在，為什麼還要到外面去求呢？」

慧海禪師在馬祖的開示之下，當下認識到自己。

後來有人問慧海禪師，如何是佛？他就回答說：「清淡對面，非佛而誰。」

又如，靈訓禪師參歸宗。靈訓問：「如何是佛？」

歸宗禪師說：「我告訴你，恐怕不相信。」

靈訓說：「大和尚的開示，我豈敢不信？」

歸宗禪師說：「你就是。」

六祖在五祖門下悟道時說：「一切萬法不離自性。何期自性本自清淨，何期自性本不生滅，何期自性本自具足，何期自性本不動搖，何期自性能生萬法？」

五祖知六祖已經悟到本性，繼續為他開示說：不識本心，學佛法是沒有什麼利益的。如果認識到本心，見到自己的本性，那就會成為大丈夫、天人師、佛、世尊。

淡定的幸福

自古以來，很多人都是因為不認識自己，迷迷糊糊地度過了一生。倘若我們真正地認識了自己，不被外境的遷流變化所牽引，所迷惑，開發出生命中的智慧潛能，在根本上掌控自己的命運，並進一步完善人格，就能夠獲得應有的幸福。

有了自信，很多問題就會迎刃而解

松寺是一所大的寺院，光僧人就有一百多個。松寺在當地非常有名望，因為寺裡的和尚不僅佛法高深，而且表達能力也好，附近的施主們遇到了大事小事，都會首選去松寺裡坐坐，聽聽和尚說法。

有一天，松寺裡來了一位女施主，女施主的狀態很不好，來寺院之前，便已經失眠了好些天。原來，女施主平時比較多愁善感，遇見事情的時候總會想得很多。而女施主性格又內向，喜歡把心事藏著不說出來。長此以往，便得了抑鬱症。女施主此次專程來松寺進香，便是希望請教寺廟的高僧，看看能不能解開心結。

可是，女施主此行卻很不順利，因為一連數天，挨個地請教寺裡的僧人，無論大和尚還是小和尚，卻沒有一個人可以給出女施主滿意的答案。

女施主很失望，因為眼見寺裡的一百多個和尚就要見完了，女施主還是一無所獲。對照一下寺院的名冊，除了一個叫摩訶盧的和尚，其他人都已經見過了。

女施主心想，見完了摩訶盧和尚，不管有沒有成效，都打算回家去了。可是，她去拜見了幾次，卻沒有見到。因為摩訶盧找出種種理由回絕了她。女施主心中忽然開始感興趣了，她心想：這麼難見，難道這位摩訶盧便是傳說中的高僧？

其實，女施主並不知道，摩訶盧躲著不見她也是有苦衷的。原來在眾多僧人中，摩訶盧的年紀雖然不小，卻是出家最晚的一個，也是讀經書最少的一個。他平日與來往的香客交流的時候，很沒有自信，隨便說上幾句，講話便結結巴巴的了。這一次，他眼見著師長們一個個都無法解決女施主的困惑，摩訶盧的壓力很大。他想來想去，還是決定躲上幾天，等女施主走了後再出來。覺得要是貿然出來和女施主交流，只怕把對方的病症越弄越嚴重了。

但摩訶盧如意算盤落空了，女施主絲毫不氣餒，鐵了心要見他一面，女施主差不多每隔半個時辰便到摩訶盧的住處看一看，害的摩訶盧每次外出都要趴在門縫裡觀察好一陣子。

摩訶盧很無奈，他準備見一下女施主，並打算在見面的時刻，說明自己的情況，然後真誠地向女施主道歉。

過了幾天，摩訶盧和女施主在佛堂裡見面了。女施主很震撼，因為摩訶盧與前面見過的和尚都不一樣：他胖胖的身材，憨厚的笑容，看起特別和善。

女施主心頭一喜，心想：這個和尚看起來很穩重嘛！一個吃素的和尚都可以長得這麼胖，看起來就不是普通的和尚啊！

摩訶盧低著頭不敢看女施主，然後輕聲細語地說：「我是一個愚昧的人，所以解不開困惑。」

女施主一愣，她不知道為什麼摩訶盧沒頭沒腦地說了這麼一句話。

她閉上眼睛，慢慢回味著摩訶盧的話。

摩訶盧本來準備繼續說的，可是看到女施主忽然如此表現，一時也不知道該不該講下去了。他小心地觀察著女施主的反應。

女施主想了一會，她心中忽然敞亮了。她想：摩大師真不愧是高僧呀，一直以來，我常常糾結於一些小事之中。大師說得很對，一切都是因為我的愚昧，所以，讓自己在困惑中越陷越深。

過了許久，女施主睜開眼，想向摩訶盧道謝，卻不見了他的人影。

原來摩訶盧見女施主半天沒反應，怕她出了什麼事。如果上前去把女施主晃醒，很顯然是犯戒的；如果用木魚把女施主敲醒，彷彿也不太禮貌。於是，他趕緊出去找人幫忙了。

女施主急忙追了出去，跑去寺廟住持那裡。摩訶盧正好在住持的房間裡，看見女施主進了門，以為女施主是來找他算帳的，他趕快藏到了床下，想想避避風頭。

女施主見到了住持，將自己參悟的過程告訴了住持，又把摩訶盧誇了一通。

摩訶盧躲在床下，開始很惶恐，後來越聽越開心。

女施主說了好長時間之後，開開心心地離開了松寺，從此也不再有心病了。

而女施主走後，摩訶盧從床下爬了出來。

自那次以後，摩訶盧不再似從前那樣對任何事情都沒有自信了。數年之後，摩訶盧成為了松寺中最能開解人的和尚。

禪門講究，自家寶藏應自證自悟，方能真正領會禪法要旨。在生活中，我們要正確認識自己，要有自信，充分挖掘自身的潛能，才能實現自我價值。樂觀自信的人是有能力的。這種力量足以激發你生命的能量。在遇到困難的時候，這種能量能夠支持你，勇敢地去面對一切看似不容易戰勝的困難。

淡定的幸福

一個充滿自信的人，就是一個聰明的人，一個能幹的人，一個有前途的人。

我們每天想什麼、做什麼非常重要

在這個熱鬧非凡的心靈舞台上，各種角色你方唱罷我登場。但我們卻從來搞不清，這些心究竟如何產生，如何活動，如何過渡的。因為我們從未管理過自己的心。或許有人會覺得，這樣順其自然不也是好，不也同樣精采嗎？但我們要知道，就像生活中隨時會製造垃圾一樣，我們的言行也會在內心留下痕跡，產生心靈垃圾。如果不加處理，這些貪嗔癡的垃圾非但不會自行溶解，還會繼續滋生新的問題。

所以說，瞭解心理的形成規律非常重要。因為我們不是活在現實中，而是活在自己的內心世界。我們看到的一切，都已經過情緒的投射，經過想法的處理。你覺得某人好，看他什麼都順眼；覺得某人不好，看他什麼都彆扭。這種感覺或許和別人對他們的評價截然相反，為什麼？原因就在於，你看到的並非是客觀上的那個人，而是你感覺中的那個人。

怎樣才能對心靈進行管理呢？

我們的心就像一片田地，如果播下荊棘，就會遍佈荊棘，給我們帶來痛苦；如果播下花草，就會盛開鮮花，給我們帶來快樂。所以，我們每天想什麼、做什麼非常重要，因為這就是在給心靈播種。

我們的所思所行會有兩種結果：一是外在結果，即事情的客觀結果；一是內在結果，即起心動念所形成的心理記錄，當某種心理發展到一定程度，就會主導整個生命。如果這種心理是負面的，就會使我們成為它的犧牲品。就像那些犯罪者，固然是給他人造成了傷害，但他們自己何嘗不是受害者？不同的只是，他們是自身煩惱的犧牲品，是負面心理的犧牲品。此外，有些人是愛情的犧牲品，有些人是名利的犧牲品，有些人是虛榮的犧牲品，有些人是賭博的犧牲品……這種現象在生活中比比皆是。

為什麼會產生這種現象？因為他們從未管理內心。最終，在不知不覺中，使不良心理強壯起來，結果使自己淪為傀儡。

要扭轉這一局面，就必須瞭解並有效管理內心。對生命來說，沒有比這個更重要的。因為心才是和我們關係最密切的，是無從逃避也無法捨棄的。

生活中的很多問題並非只有一個答案

從前，普陀山上有座廟，廟裡住著一個老和尚和一個小和尚，他們師徒二人在寺廟中相依為命。

有一天，老和尚給小和尚出了一個問題：「一個愛清潔的人和一個不愛清潔的人，一同從外面回來，是愛清潔的人先去洗澡，還是不愛清潔的人先去洗澡？」

小和尚搔了搔頭皮，迅速地答道：「當然是不愛清潔的人先去洗澡，因為他身上髒得很。」老和尚看了看小和尚，不置可否。

小和尚以為自己回答得不正確，又馬上改口說：「一定是那個愛清潔的人先去洗澡。」

老和尚問：「為什麼？」

小和尚胸有成竹地說：「那還不簡單？愛清潔的人有愛洗澡的習慣，不愛清潔的人沒有愛洗澡的習慣。只有愛清潔的人才有可能去洗澡。」說完，小和尚等待師傅的誇獎。

出乎意料的是，老和尚不但沒有誇獎小和尚，還說小和尚沒有悟性，小和尚更加莫名其妙了。

「兩個都得去洗澡，愛清潔的有洗澡的習慣，不愛清潔的需要洗澡。」小和尚只有這樣回答了。

可師傅的臉色告訴他，又錯了。

小和尚只剩下最後一個答案，於是怯生生地回答：「兩個都不去洗澡，原因是愛清潔的人很乾淨，不需要洗澡；不愛清潔的人沒有洗澡的習慣。」

他剛說完，老和尚滿意地說：「其實，你已經把四個答案都說出來了。但你每次都認定一個是正確的，你的答案是不全面的。因此，單單拿出一個都不是正確的答案。」生活中這樣的例子並不少見，尤其是在與人交往中，有時並非因為做得不對，而是沒有全面地考慮問題。

世界是豐富多彩的，一個問題並非只有一個答案。所以，沒有必要為了一個固定的答案而去爭辯是非。在對方陳述他們的觀點、意見、看法和某種判斷時，我們總愛否定他們，有時甚至會粗暴無禮地打斷他們的話，說：「你說的不對」、「不是你說的那樣」、「我不同意你的說法」，等等，這一下便產生了火藥味，雙方爭辯起來，爭吵起來，進而還會人身攻擊和謾罵，搞的雙方都很沒趣。

有時對方說的並非沒有道理，或者很有道理時，我們也受虛榮心的慫恿，故意不同意對方，搶著說出自己的「高見」——其實，我們的「高見」並不高明，而是些很蠢的話。我們只不過是想在大庭廣眾面前出出風頭罷了。

就是我們稍微謙虛一點，把對方視為一家之言，然後我們也會從另一種角度出發，大談我們的想法。其實我們的想法，又何嘗不是一家之言呢？我們對人家的反駁或補充毫無必要。只是我們太愛表現自己了，太愛表達自己了。我們的那些意見，大多很愚蠢，很淺薄，很讓人見笑。我們不知道這些，蠢頭蠢腦地把它們說得義正辭嚴。

有時我們完全是出於心裡彆扭，想干擾對方，說出一些莫名其妙的言辭。我們並不想講道理，只是不願意贊同對方罷了。我們這種行為，有時是有意識的，有時是無意識的。為著這種無謂的東西，我們失去了很多難得的朋友、很多難得的機遇。

其實，我們對人家的這種否定和責難，除去自身完全沒有意義外，對我們自己也毫無益處，我們在否定和為難別人時，我們自己也被否定了、為難了。

淡定的幸福

生活中的很多問題並非只有一個答案，我們只有善於思考，才能減少錯誤。

擁有更多的選擇和轉圜的餘地

有一位高僧，是一座大寺廟的方丈，因年事已高，心中思考著找接班人。一天，他將兩個得意弟子叫到面前，這兩個弟子一個叫慧明，一個叫塵元。高僧對他們說：「你們倆誰能憑自己的力量，從寺院後面懸崖的下面攀爬上來，誰將是我的接班人。」

慧明和塵元一同來到懸崖下，那真是一面令人望之生畏的懸崖，崖壁極其險峻陡峭。

身體健壯的慧明，信心百倍地開始攀爬。但是不一會兒，他就從上面滑了下來。

慧明爬起來重新開始，儘管這一次他小心翼翼，但還是從山坡上面滾落到原地。慧明稍事休息後，又開始攀爬，儘管摔得鼻青臉腫，他也絕不放棄……

讓人感到遺憾的是，慧明屢爬屢摔，最後一次他拼盡全身之力，爬到半山腰時，因氣力已盡，又無處歇息，重重地摔在一塊大石頭上，當場昏了過去。

高僧不得不讓幾個僧人用繩索，將他救了回去。

接著輪到塵元了。他一開始也是和慧明一樣，竭盡全力地向崖頂攀爬，結果也屢爬屢摔。

塵元緊握繩索，站在一塊山石上面，他打算再試一次。但是當他不經意地向下看了一眼以後，突然放下了用來攀上崖頂的繩索。然後，他整了整衣衫，拍了拍身上的泥土，轉身向著山下走去。

旁觀的眾僧都十分不解，難道塵元就這麼輕易的放棄了？大家對此議論紛紛。

只有高僧默然無語地看著塵元的去向。

塵元到了山下，沿著一條小溪流順水而上，穿過樹林，越過山谷……

最後，他沒費什麼力氣就到達了崖頂。

當塵元重新站到高僧面前時，眾人還以為高僧會痛罵他貪生怕死，膽小怯弱，甚至會將他逐出寺門。不料，高僧卻微笑著宣佈將塵元定為新一任住持。

眾僧皆面面相覷，不知所以。

塵元向同修們解釋：「寺後懸崖乃是人力不能攀登上去的。但是只要從山腰處低頭下看，便可見一條上山之路。師父經常對我們說：『明者因境而變，智者隨情而行』，就是教導我們要知伸縮退變的啊。」

高僧滿意地點了點頭說：「若為名利所誘，心中則只有面前的懸崖絕壁。天不設牢，而人自在心中建牢。在名利牢籠之內，徒勞苦爭，輕者苦惱傷心，重者傷身損肢，極重者粉身碎骨。」

然後，高僧將衣缽錫杖傳交給了塵元，並語重心長地對大家說：「攀爬懸崖，意在堪驗你們心境。能不入名利牢籠，心中無礙，順天而行者，便是我中意之人。」

世間癡情之人，執著於勇氣和頑強者不在少數，但是往往卻如故事中的慧明一樣，並不能達到心中嚮往的那個地方，只是摔得鼻青臉腫，最終一無所獲。在己之所欲面前，我們缺少的是一份低頭看的淡泊和從容。低頭看，並不意味著信念的不堅定和放棄，只是讓我們擁有更多的選擇和轉圜的餘地。

越是急於完成什麼，越是太在意得失，那麼，巨大的壓力和恐懼就會束縛你的手腳，你離你的目標就會越來越遠，成功也將遙不可及。

淡定的幸福

所以，不妨把眼光放得遠一些，得失放得開一些，名利看得輕一些，讓生命中充滿淡泊的恬適和達觀的從容，就一定能「水窮之處待雲起，危崖旁側覓坦途」。

要敢於打破常識的束縛

一天，山中忽然下起傾盆大雨，豆大的雨粒毫不留情地打在日久失修的屋瓦上。不久，大殿便開始漏起雨來。

「趕快拿東西來接雨！」

慧玄禪師大聲斥令道。然而，會到漏雨這般程度的，想必是窮得連水桶都沒有的寺廟。但是，真的什麼也沒有嗎？弟子們拚死命地翻箱倒櫃，就是找不出可以接雨的東西。正當大夥兒慌得團團轉時，忽然，有個小和尚抓了一個竹簍就往外跑。

用竹簍接雨？

多麼奇怪的舉動啊！當然，根本無濟於事。

但是，事後慧玄大師竟然大大地褒獎了小和尚一番；而那些在旁邊急著團團轉的弟子們，卻被狠狠地訓斥了一頓。

小和尚之所以被褒獎，正是因為他並沒有根據任何理論推斷而很快地跑去拿竹簍。對小和尚而言，當下他的腦子裡並沒有「竹簍不能接雨」的常識存在。與其說這是異常的行為，不如說他並未被常識所侷限而成為常識的俘虜。正因為如此，他以他是「自由」的。禪最重視的就是這種「自由」，打破常識的束縛。

有一天，禪師把他的三個弟子叫到身邊，然後寫了一句詩：綿綿陰雨二人行，怎奈天不淋一人。然後對弟子們說：「現在說說你們對這句詩的理解吧！為什麼『不淋一人』呢？」

第一個弟子說：「兩個人走在雨地裡，有一個人卻沒淋到雨，肯定是因為那個沒淋雨的人穿著雨衣。」

禪師沒有做任何的批評，對另外一個弟子說：「你來說說你的理解。」

另外一個弟子說：「他說的不對，答案不可能那麼簡單。兩個人走在雨裡，有一個人卻沒淋到雨，這實在是太奇怪了，我想那肯定是一場局部陣雨，一邊下雨，另一邊沒下雨，所以兩人都走在雨地裡，才會一個淋不到雨。」禪師微笑著，仍然不做任何的點評。

第三個弟子說：「你們兩個的原因都太牽強了，什麼穿雨衣，局部陣雨！這麼簡單的道理你們居然把它說得那麼複雜。其實有一個人沒有淋雨，是因為他走在屋簷下，下雨的時候屋簷下怎麼會有雨呢？」他得意洋洋，認為禪師一定會讚賞他，可是禪師並沒有讚賞他。

過了一會兒，禪師微笑著對他的三個弟子說：「今天我把你們叫來，給你們出了這個題目，你們沒有一個人的答案是我滿意的。你們跟在我的身邊，每天參悟佛法，可是總也沒有進展，你們知道是什麼原因嗎？」

三個弟子互相看著，慚愧地低下了頭。

禪師緊接著說：「你們都沒有進展的原因，就是因為你們都只停留在文字表面，鑽牛角尖。就拿今天給你們出的這個題目來說吧，你們都執著於『不淋一人』這一點上，所以才沒有得出正確的答案。其實，所謂的『不淋一人』，不就是兩人都在淋雨嗎？」

淡定的幸福

做任何事都要講究「悟」，只停留在事物表面，被字面上的意思所束縛，永遠不可能真正地聰明起來。

避免各種錯覺和偏見才能把握本質

有一天，幾個弟子為了「大悟」一意，爭得面紅耳赤。

於是，他們幾個一起來到智禪大師的棲室，問道：「這世間，何謂『大悟』呢？」

智禪大師聽了微笑著說：「大悟自在心靜中……」

此時，那幾個徒弟頗有些迷惑。

在午膳之前，智禪大師帶著那幾個弟子，來到後山的李子林裡。樹頭上的李子大都熟透了，紫裡透紅的漿果，散發出一縷縷誘人的芳香。

智禪大師吩咐兩個弟子，從樹上採摘了一竹簍李子。爾後，他讓在場的每一位弟子品嚐，李子的汁液像蜜汁一樣甘甜。

待吃完之後，智禪大師帶著弟子走到一個小小的水潭前，他俯身掬起一捧潭水喝了起來。然後，他讓弟子們也嘗一下。

弟子們紛紛倣傚師父的樣子，喝了幾口潭水後，便咂吧咂吧嘴。

智禪大師問道：「小潭的水質如何呢？」

弟子們又用舌頭舔了舔嘴唇，回答說：「小潭裡的水，比我們捨近求遠擔來的水甜多了。往後，我們可以到這小潭來擔水吃呀！」

這時候，智禪大師便讓一個弟子提了一木桶潭水。然後，他們回到寺院。午膳之後，智禪大師讓每一個弟子都重新來品嚐一下從後山小潭打回來的水。

弟子們嘗過之後，大都將水從口裡吐了出來，一個個都皺起了眉頭。因為，這些水很澀，而且滿是一股腐草味兒。

智禪大師解釋道：「為什麼同一個小潭裡的水，卻有兩種不同的滋味呢？因為你們先前品嚐的時候，都吃過李子，口裡留有李子的餘汁，所以就把這水的澀味給掩蓋了。」

眾弟子們都認同地點了點頭。

智禪大師看了看面前的徒弟，意味深長地說：「這世上有些事情，即使你我親自體驗過，也未必觸及到它們的本質。」這就是佛家的智慧！

淡定的幸福

往往有些事情，一時會被繁華的假象給迷惑了，「大悟」就是這個道理。拋卻那些虛榮和繁華，擁有一顆平靜的心，才能避免各種錯覺和偏見，發現和把握事物的本質。

每一種境界裡都可以挖掘出生命的內涵

在晚來欲雪的天氣裡，「紅泥小火爐，能飲一杯無？」是一種多麼高曠的境界。謝靈運留戀山水，林和靖以梅為妻，以鶴為子，是一種境界；而人達到與自然生存和諧，則是一種更高的境我合一的境界。其實，境界源於生活又高於生活，它能破譯斑斕的人生，探究活著的境界——當你的心靈容納下坦誠和博大的時候，你的人生便投向了某種境界。

人最基本的層次是生存意識。生存需要吃穿，這是先天本能。豐子愷先生把「懶得或無力走樓梯的」，說他們「就住在第一層，就把物質生活弄得很好，錦衣玉食，尊榮富貴，孝子賢孫滿堂，這就滿足了」。這是物質生活中知足常樂的境界。

斗轉星移、時走境遷的人們，曾幾何時，幻想著祖先們那種「兩畝薄田一頭牛，老婆孩子熱炕頭」似的田園風光。而如今「叫化子式」的人們，有時對頂層「精神生活」望而卻步，只抬頭望一望而已。至於對那隔層的「靈魂生活」就顯得更蒼白無力，如跛子走路，總以為道路是崎嶇不平的，甚至一邊煮食精神葉蔓，一邊在詛咒著，為什麼？！因你的人生投向了某種境界。

我們每個人都有權利為滿足自己的慾望去競爭，但是我們首先要學會選擇合情合理的慾望。因為我們的慾望之源遠比生命之源豐富。所以，於一顆心無所住，心不會貪婪。

不知足也能常樂，是因為你的人生要義投靠了活著的境界。探究活著的境界，使你知道：人類社會每一點進步正是「不知足」者勇於探索、不斷創造的結果。而每個人的人生意義和生命的輝煌，也是在「不知足」的探索和創造之中。由此可知，知足或不知足都能常樂，這是一體兩面的問題，關鍵在於人的修養所達到的層次。

對一顆貪婪和充滿欲求的心而言，人生的要義是掠奪、佔有和享樂。可以想像，這樣的人即使活得富足，也只能是投靠了荒蕪而遠離了境界。人生的要義是奮鬥、拚搏、創造。可以想像，這樣的人即使活得困窘拮据，也稱得上富有，因他們投靠了淡泊，而抵達了無限寬闊的境界。因而，境界呈現一幕幕風景，人人皆可身居其中。因為每人都有一道人生風景，並從每一道風景裡都可以挖掘出生命的內涵。

淡定的幸福

境界貫穿並書寫著人的一生。知足常樂與不知足能常樂都是一種境界。

福可以轉化為禍，禍也可變化成福

老子說：「禍兮，福之所倚；福兮，禍之所伏。」意思是，幸福依傍在災禍的裡面，災禍藏伏在幸福的裡面。在一定的條件下，壞的東西可以引出好的結果，好的東西也可以引出壞的結果來。客觀事物的規律難道不正是這樣嗎？

寓言故事「塞翁失馬」很好地闡述了老子「禍兮福之所倚，福兮禍之所伏」的哲學思想。

靠近邊塞的地方，住著一位老翁。老翁精通術數，善於算卜過去未來。有一次，老翁家的一匹馬，無緣無故掙脫羈絆，跑入胡人居住的地方去了。鄰居都來安慰他，他心中有數，平靜地說：「這件事難道不是福嗎？」

幾個月後，那匹走失的馬突然又跑回家來了，還領著一匹胡人的駿馬一起回來。鄰居們得知，都前來向他家表示祝賀。老翁無動於衷，坦然道：「這樣的事，誰能保證不是禍呢？」

老翁家畜養了許多良馬，他的兒子生性好武，喜歡騎術。有一天，他兒子騎著烈馬到野外練習騎射，烈馬脫韁，把他兒子重重地甩了個仰面朝天，摔斷了大腿，成了終身殘疾。鄰居們聽說後，紛紛前來慰問。老翁不動聲色，淡然道：「這件事難道不是福嗎？」

又過了一年，胡人侵犯邊境，大舉入塞。四鄉八鄰的精壯男子都被徵召入伍，拿起武器去參戰，死傷不可勝計。靠近邊塞的居民，十室九空，在戰爭中喪生。惟獨老翁的兒子因跛腳殘疾，沒有去打仗。因而父子得以保全性命，安度殘年餘生。

所以，福可以轉化為禍，禍也可變化成福。這種變化深不可測，誰也難以預料。

後來，從這個故事中發展出這樣的格言：「塞翁失馬，安知非福」；「塞翁得馬，焉知非禍」。它頻頻出現於文學作品或日常口語中，或用來說明世事變幻無常，或比喻因禍可以得福，壞事可以變為好事。一切事物都在不斷發展變化，好事與壞事，矛盾的對立雙方，無不在一定的條件下，向各自的相反方向轉化。由此可見，福與禍是有很密切的聯繫的。

在人生的道路上受一些挫折，從整個人生著眼，未嘗不是好事。人一遭受挫折，就內心畏懼，跌了幾次跤後，處世就謹慎。畏懼恐慌，就不敢胡作非為，行為就會正派端莊；謹慎就不至於輕率馬虎，行動之前就會深思熟慮了。三思而行易明事理，按事理辦事易成功。可見，挫折也可能成為幸福。

淡定的幸福

人生開始的事太平坦了，很早就在事業上大紅大紫，處處受到人們的羨慕和捧場，這容易使人驕傲放縱和忘乎所以。一驕縱就容易走上邪路，行為淫惡放蕩，舉措違背常情，於是就可能由成功的頂峰滑向慘敗的深淵，由幸運兒一變而成為倒霉鬼，有的甚至從此一蹶不振。在這種情況下，福也就是禍了。

所以，在憂患困苦中磨練，才能在社會上站穩自己的腳跟，而過分的安逸快樂，會把人引向死路。

第四章

找到認識自己的最佳途徑

「天上地下，唯我獨尊。」佛陀一生下來就指天指地說了這句話，揭示人自身之可貴，絕對不可替代。

恆河有萬沙，但每粒沙都寶貴。

所以，人不應從外物取物，要從內心取心。

人應有自知之明

你我皆凡人，卻總妄想做一個非凡人，知物之好壞，而希望得其精而棄其糟，恨不能網天下之精華盡收己囊。正如佛陀所說：「不應取法，不應取非法。」明白自己的自身條件才是取諸於外的資本。如果你只知道要取物之精華而不知自己有沒有與之相對等的能力，那就該是你一生中最大的憾事了。所以，人貴有自知之明。

南嶽懷讓禪師有一弟子名叫馬祖，馬祖在般若寺時整天盤腿靜坐，苦思冥想。懷讓禪師便問他：「你這樣盤腿而坐是為了什麼？」

馬祖答道：「我想成佛。」

懷讓禪師聽完後，拿了一塊磚，在馬祖旁邊的地上用力地磨。

馬祖問：「師父，你磨磚做什麼？」

懷讓禪師答道：「我想把磚磨成鏡子。」

馬祖又問：「磚怎麼能磨成鏡子呢？」

懷讓說：「磚既不能磨成鏡，那麼你盤腿靜坐又豈能成佛？」

馬祖問道：「要怎麼才能成佛呢？」

懷讓答道：「就像牛拉車子，如果車子不動，你是打車還是打牛呢？」

馬祖恍然大悟。

當磚不具有成鏡的特性時，你永遠都無法把它磨成鏡子。相對於人而言，這種道理同樣適用。你永遠是你，我永遠是我。即使再加以雕飾，刻意模仿都無法彼此替代。因為這是由各自的特性決定的。而這種特性又決定了各自的生存方式和生存狀態。所以，你不必羨慕別人的優越之處，也不用詆毀別人的缺點。說不定你有比別人更優越的地方，只是你不認識自己那光明的一面。也說不定你在詆毀別人缺點的時候，自己正犯著同樣的錯誤，做著相同的傻事。只是你不認識自己那黑暗的一面。

人貴有自知之明，只有自知才能正確地評價自己，才不會犯蚍蜉撼大樹的錯誤，也不會畏首畏尾錯失良機。仔細地觀照自己的內心世界。在喧囂的塵世留一片可以靜憩身心的領地，倦時燃一炷蘭香，悠然獨坐，也許你可以突然頓悟、參透人生的玄機——知己察己，方能取外物之精華而棄外物之糟粕。猶如伯樂識馬，韓愈在《馬說》裡慨歎：「世有伯樂，然後有千里馬，千里馬常有而伯樂不常有。」韓愈意在慨歎人生際遇之不平。然而，你若無千里之才，安能穩享千里馬之遇？你若無伯樂之智，安能識世間良駒？所以，要求諸於外必應先求諸於內。

淡定的幸福

我們最想改變外物，最難改變自己。然而，卻不知想要改變外物必須先要改變自己。而要改變自己，必須先要認清自己。

尊重自己的本性

凡法俗事的紛繁蕪雜使我們漸染失於心性的雜色。每一次的呈現都多了一點修飾，每一次的語言都少了一分真實。習慣於疲憊的偽裝，總以為這樣就可以贏得更多，過得更好。驀然回首，那些希冀著的，仍需希冀，那些渴盼著的，仍需渴盼。唯獨改變了的是自己的本性。捫心自問：「我是否在意過自己最真實的內心世界?尊重過自己的本性?」心會告訴你那個最真實的答案。有多少人曾想過改變自己，以追逐想要的一切，到頭來才發現，自己做了一個邯鄲學步的壽陵少年，不僅沒有得到自己想要的，還丟了自己最初擁有的。那麼，當初為什麼就不能尊重自己的本性，做那個最真的自己?也許正是因為沒有徹悟。

文喜禪師去五台山朝拜。到達前，晚上在一茅屋裡住宿，茅屋裡住著一位老翁。文喜就問老翁：「此間道場內容如何？」

老翁回答道：「龍蛇混雜，凡聖交參。」

文喜接著問：「住眾多少？」

老翁回答：「前三三、後三三。」

文喜第二天起來，茅屋不見了，只見文殊騎著獅子步入雲中，文喜自悔有眼不識菩薩，空自錯過。

文喜後來參訪仰山禪師時開悟，安心住下來擔任煮飯的工作。一天他從飯鍋蒸汽上又見文殊現身，便舉鏟打去，還說：「文殊自文殊，文喜自文喜，今日惑亂我不得了。」

文殊說偈云：「苦瓜連根苦，甜瓜徹蒂甜，修行三大劫，卻被這僧嫌。」

有時我們因總把眼光放在外界，追逐於自己所想的美好事物，常常忽視了自己的本性，在利慾的誘惑中迷失了自己。所以才終日心外求法，因此而患得患失。如果能明白自己的本性，堅守自己的心靈領地，又何必自悔自惱呢？

詩人卞之琳寫道：「你站在橋上看風景，看風景的人在樓上看你。」帶著妻兒到鄉間散步，這當然是一道風景；帶著情人在歌廳搖曳，也是一種情調；

大權在握的要員靜下心來，有時會羨慕那些路燈下對弈的老百姓，可是平民百姓沒有一個不期盼來日能出人頭地的；拖家帶口的人羨慕獨身的自在灑脫，獨身者卻又對兒女繞膝的那種天倫之樂心嚮往之……

皇帝有皇帝的煩惱，乞兒有乞兒的歡樂。乞兒的朱元璋變成了皇帝，皇帝的溥儀變成了平民，四季交錯，風雲不定。一幅曾獲世界大賽金獎的漫畫畫出了深意：第一幅是兩個魚缸裡對望的魚，第二幅是兩個魚缸裡的魚相互躍進對方的魚缸，第三幅和第一幅一模一樣，換了魚缸的魚又在對望著。

我們常常會羨慕和追求別人的美麗，卻忘了尊重自己的本性，稍一受外界的誘惑就可能隨波逐流，事實上，每一個人都有自己獨有的優點和潛力，只要你能認識到自己的這些優點，並使之充分發揮，你也必能成為某一領域的領軍人物。

王羲之的伯父王導的朋友太尉郗鑑想給女兒擇婿。當他知道丞相王導家的子弟個個相貌堂堂，於是請門客到王家選婿。王家子弟知道之後，一個個精心修飾，規規矩矩地坐在學堂，看似在讀書，心卻不知飛到哪兒去了。唯有東邊書案上，有一個人與眾不同，他還像平常一樣很隨便，聚精會神地寫字，天雖不熱，他卻熱得解開上衣，露出了肚皮，並一邊寫字一邊無拘無束地吃饅頭。當門客回去把這些情形如實告知太尉時，太尉一下子就選中了那個不拘小節的王羲之。太尉認為王羲之是一個敢露真性情的人。他尊重自己的本性，不會因外物的誘惑而屈從盲動，這樣的人可成大器。

所以，做人沒有必要總是做一個跟從者，一個旁觀者，只需知道自己的本性就足可以成為一道風景。不從外物取物，而從內心取心，先樹自己，再造一切，這才是你首先要做的。

淡定的幸福

知道尊重自己本性的人才不至於迷失了自己，也才能清晰地看清自己要走的路。然而，這世間有幾人尊重了自己的本性？

持一顆平常心

《小窗幽記》中有這樣一副對聯：「寵辱不驚，看庭前花開花落；去留無意，望天上雲卷雲舒。」寥寥幾字便足可看出作者的心境：無論何時何地，以平常心泰然處之，任世間起伏變化，我獨守一寸心靈的淨土，幽然獨坐，外物的一切皆不能打擾我的內心。這就是人生入世時的境界，唯有如此方能從入世中的有我之境達到出世時的無我之境。

持一顆平常心，不為虛榮所誘，不為權勢所惑，不為金錢所動，不為美色所迷，不為一切的浮華沉淪。

有一個人曾經問慧海禪師：「禪師，你可有什麼與眾不同的地方呀？」

慧海禪師答道：「有！」

「那是什麼？」這個人問道。

慧海禪師回答：「我感覺餓的時候就吃飯，感覺疲倦的時候就睡覺。」

「這算什麼與眾不同的地方，每個人都是這樣的呀，有什麼區別呢？」這個人不屑地說。

慧海禪師答道：「當然是不一樣的了！」

「這有什麼不一樣的？」那人問道。

慧海禪師說：「他們吃飯的時候總是想著別的事情，不專心吃飯；他們睡覺的時候也總是做夢，睡不安穩。而我吃飯就是吃飯，什麼也不想；我睡覺的時候從來不做夢，所以睡得安穩。這就是我與眾不同的地方。」

慧海禪師繼續說道：「世人很難做到一心一用，他們總是在利害得失中穿梭，囿於浮華的寵辱，產生了『種種思量』和『千般妄想』。他們在生命的表層停留不前，這成為他們最大的障礙，他們因此而迷失了自己，喪失了『平常心』。要知道，生命的意義並不是這樣，只有將心融入世界，用平常心去感受生命，才能找到生命的真諦。」

所以在禪宗看來，一個人能明心見性，拋開雜念，將功名利祿看穿，將勝負成敗看透，將毀譽得失看破，就能達到時時無礙、處處自在的境界。

擁有一顆平常心，就擁有了一種豁達，一種超然。失敗了，轉過身揩乾痛苦的淚水；成功了，向所有支持者和反對者致以滿足的微笑。

其實，無論是比賽還是生活都如同彈琴，弦太緊會斷，弦太鬆彈不出聲音；保持平常心才是了悟之本。

現在的人們為了追求所謂幸福的日子，不惜透支健康、支付尊嚴、出賣人格，到垂暮之時，你會發覺年輕時孜孜以求的東西是那麼虛無與縹緲，這時你會對生命產生新的感悟，明白平常心是真諦，是福氣。

擁有一顆平常心，才不會浮躁，不會焦灼，不會被慾望填滿心靈，更不會讓靈魂擱淺在無氧的空間裡。

擁有一顆平常心就擁有了一種正確的處世原則，一分自我解脫、自我肯定的信心與勇氣，不會高估自己，也不會自甘墮落。

擁有一顆平常心就不會只追求物質的奢華，而把自己的靈魂淹沒在如潮的塵海中。因為更多的時候，生活不是讓我們追求外在的繁華，而是求得內心的平靜與安寧。

所以說，用一顆平常的心去對待、解析生活，就能領悟生活的真諦，才會體悟平平淡淡才是真！

淡定的幸福

平常人常有，而平常心卻不常有。所以平凡人常有，不凡人卻不常有。

任心清淨

有一位虔誠的佛教信徒，每天都從自家的花園裡，採擷鮮花到寺院供佛。一天，當她正送花到佛殿時，碰巧遇到無德禪師從法堂出來，無德禪師非常欣喜地說道：「你每天都這麼虔誠地以香花供佛，來世當得莊嚴相貌的福報。」

信徒非常歡喜地回答道：「這是應該的，我每天來寺禮佛時，自覺心靈就像洗滌過似的清涼，但回到家中，心就煩亂了。我這樣一個家庭主婦，如何在喧囂的城市中保持一顆清淨的心呢？」

無德禪師反問道：「你以鮮花獻佛，相信你對花草總有一些常識，我現在問你，你如何保持花朵的新鮮呢？」

信徒答道：「保持花朵新鮮的方法，莫過於每天換水，並且在換水時把花梗剪去一截；因為花梗的一端在水裡容易腐爛，腐爛之後，水分就不易吸收，就容易凋謝！」

無德禪師道：「保持一顆清淨的心，其道理也是一樣。我們生活的環境像瓶裡的水，我們就是花，唯有不停淨化我們的身心，變化我們的氣質，並且不斷地懺悔、檢討、改進陋習、缺點，才能不斷吸收到大自然的食糧。」

信徒聽後，歡喜地作禮，並且感激地說：「謝謝禪師的開示，希望以後有機會親近禪師，過一段寺院中禪者的生活，享受晨鐘暮鼓、菩提梵唱的寧靜。」

無德禪師道：「你的呼吸便是梵唱，脈搏跳動就是鐘鼓，身體便是廟宇，兩耳就是菩提，無處不是寧靜，又何必等機會到寺院中生活呢？」

是啊，熱鬧場中亦可作道場；只要自己丟下妄緣，拋開雜念，哪裡不可寧靜呢？如果妄念不除，即使住在深山古寺，一樣無法修行。

正如六祖慧能所說不是風動、不是幡動是人者心動。心才是無法寧靜的本源。

有一位青年，因為受了一些挫折變得非常憂鬱、消沉。有一次他去海邊散步，碰巧遇到以前的一位朋友，這位先生正好是一位心理醫生。

於是青年就向這位醫生朋友訴說他在生活、社會及愛情中所遭受的種種煩惱，希望朋友能幫他解脫痛苦，斬斷生命的煩惱。

安靜沉默的醫生朋友，似乎沒聽這位青年的訴說，因為他的眼睛總是眺望著遠方的大海，等到青年停止了說話，他才自言自語地說：「這帆船遇到滿帆的風，行走得好快呀！」

青年就轉過頭看海，看到一艘帆船正乘風破浪前進，但隨即又轉回去了；他以為醫生朋友並沒有聽懂他的意思，於是就加重語氣訴說自己的種種痛苦，生活中的煩惱、愛情的坎坷、社會的弊病、人類的前途等等問題已經糾結得快要讓他發狂了。

醫生朋友好像在聽，又好像不在聽，依然眺望著海中的帆船，自言自語地說：「你還是想想辦法，停止那艘行走的帆船吧！」說完，就轉身離去了。

青年感到非常茫然，他的問題沒有得到任何解答，只好回家了。過了幾天，他主動去找那位醫生朋友了。一進門他就躺在地上，兩腳豎起，用左腳腳趾扯開右腳的褲管，形狀正像一艘滿風的帆船。

醫生朋友有點驚訝，接著就會心地笑了，隨手打開陽台上的窗戶，望著遠處的山對青年說：「你能讓那座山行走嗎？」

青年沒有答話，站起來在室內走了三四步，然後坐下來，向醫生朋友道謝，說完就離開了；走時神采奕奕，好像對生活充滿了希望，不見了當初的消沉、頹廢。

醫生朋友事實上並未回答青年的問題，青年自己找到了答案。醫生朋友的話讓青年明白了，解決生活乃至生命的苦惱，並不在苦惱的本身，而是要有一個開闊的心靈世界；人們只有止息心的紛擾，才不會被外在的苦惱所困扼，因此要解脫煩惱，就在於自我意念的清淨，正如在滿風時使帆船停止。

在生活中，我們每個人都像那被情感、家庭、社會所纏繞的青年一樣，找不到安心的所在；唯有像佛祖一樣講覺悟，好好地在自己的身上下功夫，從內心的觀照裡，去改正自己的一言一行，才不至於覺得無休止的勞苦。

外在的糾葛、攫取太多，心就沒有辦法安寧，更無法淨化；人對外在無限制地索取，常常是以支付心靈的尊嚴為代價的。我們應該抬起頭來，看看屋外的松林，聽聽松濤的呼喚，

眺望遠處的大海以及滿風的帆船，我們的心中會有對生命新的轉移與看待。

每天讓自己沉靜幾分鐘，不要隨著外在事物流轉而變動，不要放棄洗滌自己、淨化自己。把心放在可以安定的位置，任憑風浪起，穩坐釣魚台！

淡定的幸福

你且靜看那蓮花初綻，出於淤泥，卻依舊心淨氣潔，不染塵絲。你心比蓮心，自是蓮心更比人心淨。

心定則事定

我國古代大文豪蘇東坡一向認為自己的定力很高，很是得意，他寫了一道詩偈，說：

稽首天中天，毫光照大千。

八風吹不動，端坐紫金蓮。

蘇東坡自誇一番，然後派僕人划船過江，送給佛印和尚觀賞。不料，佛印接過一看，立即把詩偈擲地，還罵了一句：「狗屁不通！」

僕人回去和蘇東坡一說，蘇東坡氣得直吹鬍子，馬上過江來找佛印評理。

蘇東坡來到佛印住地，老遠就嚷道：「佛印，剛才我派人送詩偈請教，若有不妥之處，只管明白開示，何故出言不遜，說我狗屁不通呢？」

佛印笑著問他：「你不是說『八風吹不動』嗎？為何我只放了一個屁，你就坐不住了，急著過江來找我算帳呢？」

蘇東坡一聽，這才恍然大悟，心想：「我自視定力不錯，故言八風吹不動，端坐紫金蓮。哪知讓這和尚輕輕一扇，自己就沉不住氣了，我的定力何在呢？」蘇東坡忍不住笑了，只好打趣自嘲：「只說八風吹不動，誰知一屁過江來……」

看來，這位大文學家雖寫得錦繡文章，心理承受能力還是差些，一有風吹草動，定力全無。

留意你身邊的人和事，許多時候你會發現，有些人真可謂是機關算盡太聰明，憑著那麼聰明的頭腦，做一番驚天動地的大事業絕對是游刃有餘。然而，他們並沒有像我們猜想的那樣，事業有成，反而總是在生活中屢屢受挫，最後空負了一身才華。原因何在？心無定力。

利特爾公司是世界上著名的科技咨詢公司。它的前身是其創始人利特爾一八八六年建立的一個小小的化學實驗室，創立最初鮮為人知，絲毫也不引人注目。

一九二一年的一天，在許多企業家參加的一次聚會上，一位大亨高談闊論，否定科學的作用。而一向崇拜科學的利特爾帶著輕蔑的微笑，平靜地向這位大亨解釋科學對企業生產的重要作用。

這位大亨聽後，不屑一顧，還嘲諷了利特爾一番，最後他挑釁地說：「我的錢太多了，現有的錢袋已經不夠用了，想找豬耳朵做的絲錢袋來裝。或許你的科學能幫個忙，如果做成這樣的錢袋，大家都會把你當科學家的。」說完，哈哈大笑。聰明的利特爾怎麼會聽不出大亨的弦外之音呢？他氣得嘴唇直抖，但還是抑制住自己，非常謙虛地說：「謝謝你的指點。」因為利特爾感到這是一個千載難逢的大好機會。其後的一段時間裡，市場上的豬耳朵被利特爾公司暗中搜購一空。購回的豬耳朵被利特爾公司的化學家分解成膠質和纖維組織，然後又把這些物質製成可紡纖維，再紡成絲線，並染上各種美麗顏色，最後編織成五光十色的絲錢袋。這種錢袋投放市場後，頓時一搶而空。

「用豬耳朵制絲錢袋」，這個荒誕不經的惡意挑釁被粉碎了。那些不相信科學是企業的翅膀，從而也看不起利特爾的人，不得不對利特爾刮目相看。

利特爾公司因此名聲大振。面對挑釁，利特爾忍受輕蔑，「虛心」接受指點；不大吵大鬧、爭執強辯，也不義正詞嚴地加以駁斥，他不露聲色，暗中準備，將豬耳朵製成絲錢袋，從而一舉成名。

利特爾的成功告訴我們一個不爭的事實：一個人的成功不僅僅需要智慧，而且需要定力，假如激烈的反駁和爭論可以解決問題，那麼，這個世界也就無需我們用實際行動來證明什麼了。但是，生活的禪機告訴我們事實才是證明一切的最終衡量尺度。所以，我們長了一張嘴，卻長了兩隻眼睛，兩隻手。

與人做毫無意義的爭論，甚至是氣急敗壞的爭吵於你無益，也可以顯出你的浮淺與無知。那些得道的禪師在任何時候都不會與人做毫無意義的爭論。而且，他們總能以自己的禪智點化那些無知的人們。即使他們所面臨的是生死大限也不會面露懼色。那份從容，那種決定是經過了生活的磨煉和對人生的深刻領悟所獲得的。

我們都需要被放置在生活的風刀雨劍下打磨。從一個不成熟的人向成熟的人轉變。走過人生的每一次風雨都應該有所收穫，即使達不到禪師們的那種高深的禪境，也應該讓自己有一些定力。心定才能事定，否則，你只能白白枉費這一生的好時光。

淡定的幸福

無定力就無成功可言，任何時候都能保持頭腦清醒冷靜，是一切勝利的先決條件。

從小事中磨練心性

一位老婦人脾氣十分怪癖，經常為一些無關緊要的小事大發雷霆，而且生氣的時候說話很刻薄，常常無意中傷害了很多人。因此，她與周圍的人都相處的不太和諧。她也很清楚自己的脾氣不好，也很想改，但是火氣上來時，她就是沒有辦法控制自己。

一次，朋友告訴她：「附近有一位得道高僧，為什麼不去找他為你指點迷津呢？說不定他可以幫你。」她覺得有點道理，於是就抱著試一試的態度去找那位高僧了。

當她向高僧訴說自己的心事時，態度十分懇切，強烈地渴望能從高僧那兒得到一些啟示。高僧默默地聽她訴說，等她說完，就帶她來到一座禪房，然後鎖上門，一言不發地離去了。

這位老婦人本想從禪師那裡得到一些啟示的話，可是沒有想到禪師卻把她關在又冷又黑的禪房裡。她氣得直跳腳，並且破口大罵，但是無論她怎麼罵，大師都不理睬她。老婦人實在受不了了，於是開始哀求大師放了她，可是大師仍然無動於衷，任由她自己說個不停。

過了很久，禪師終於聽不到房間裡的聲音了，於是就在門外問：「你還生氣嗎？」

老婦人惡狠狠地回答道：「我只是生自己的氣，很後悔自己聽信別人的話，幹嘛沒事找事地來到這種鬼地方找你幫忙。」

禪師聽完，說道：「你連自己都不肯原諒，怎麼會原諒別人呢？」說完轉身就走了。

過了一會兒，高僧又問：「還生氣嗎？」

老婦人說：「不生氣了。」

「為什麼不生氣了呢？」

「我生氣又有什麼用？還不是被你關在這又冷又黑的禪房裡嗎？」

禪師有點擔心地說：「其實這樣會更可怕，因為你把氣全部壓在了一起，一旦爆發會比以前更強烈的。」於是又轉身離去了。

等到第三次禪師來問她的時候，老婦人說：「我不生氣了，因為你不值得我生氣。」

「你生氣的根還在，你還是不能從氣的漩渦中擺脫出來！」禪師說道。

又過了很久，老婦人主動問禪師：「大師，您能告訴我氣是什麼嗎？」

高僧還是不說話，只是看似無意地將手中的茶水倒在地上。老婦人終於明白：原來，自己不氣，哪裡來的氣？心地透明，了無一物，何氣之有？

心裡沒有氣，還怎麼會生氣呢？其實生氣不僅我們自己痛苦，身邊的人也跟著一起痛苦；生氣時口無遮攔，什麼都說，有些話會深深刺痛愛我們、關心我們的人。

也許大家都聽過「釘子的故事」：

一個男孩脾氣很壞，他的父親給了他一袋釘子，並且告訴他，每當他發脾氣的時候就釘一根釘子在後院的圍籬上。

第一天，這個男孩釘下了四十根釘子；漸漸地每天釘下的數量減少了，他也慢慢地發現控制自己的脾氣要比釘下那些釘子來得容易些。

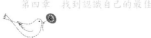

終於有一天，這個男孩再也不會亂發脾氣了。

父親又告訴他，從現在開始，每當他能控制自己脾氣的時候，就拔出一根釘子。

日子一天天地過去了，最後男孩告訴他的父親，他終於把所有釘子都拔出來了。

父親拉著他的手來到後院，說：「你做得很好，我的孩子。但是看看那些圍籬上的洞，這些圍籬將永遠不能恢復成從前的樣子了。你生氣的時候說的話，將像這些釘子一樣留下疤痕。如果你拿刀子捅別人一刀，不管你說多少次對不起，那個傷口將永遠存在。話語的傷痛就像真實的傷痛一樣令人無法承受。」

男孩終於明白了父親的良苦用意，從此之後脾氣變得很好，待人待事都很溫和、寬容。

所以佛祖告誡我們：「嗔心一起，於人無益，於己有損；輕亦心意煩躁，重則肝目受傷。」

所以，害人害己的事我們何必去做？只為生活中所遇的一點小事就大發雷霆，那是愚人的行為。

我們不能做一個聰明人，但至少不要去做一個愚人。把生活中不如意的一些小事看得淡一點，並能在靜觀中有所收益，悟得生活中的種種禪機，我們就不會活得太累，活得不開心。

淡定的幸福

那些無關緊要小事就如一粒粒的碎沙，在你的鞋子裡讓你感覺不舒服。那麼，為了擺脫這些碎沙，你選擇倒掉沙子還是踢掉鞋子？我們不能不穿鞋子，因為我們還有許多路要走，所以，還是選擇倒掉沙子吧！

從心開始

命運是否可以重寫?每個人的命運軌跡是否早已是上天在冥冥之中的安排?這個問題在任何人心中都是一個不解的謎，所以，才有人擺地攤給人家算卦，儘管在算過之後才發現上當，可還是有人願意上當。其實，他若真能給你關於命運的答案，那麼，他何必風餐露宿在街頭受風吹日曬之苦?如果有一個熟人慌慌張張地跑來告訴他：「快去看吧，你們家著火了。」估計他也和別人一樣撒腿就往家跑。

「天行健，君子當自強不息。」任何事都有它的規律，但每個人都應該自強不息去主動掌控自己的命運，了心悟性，將自己的缺陷去除，認真走好每一步，這就是命運。

明代的時候，有一個叫袁了凡的人。

一天，他在慈雲寺裡，遇上了一位姓孔的老人。老人長鬚飄然，仙風道骨。經過一番交流之後，袁了凡就把老者請到了自己家中，母親說：「好好接待孔先生，讓他給你算一算命，看靈不靈。」結果，孔先生算他以前的事情絲毫不差。

孔先生告訴他：「你明年去考秀才，要經過好幾次考試。先要經過縣考，縣考時，你考中第十四名；縣上面有府，府考時，你考中第七十一名；府上面有省，省考時，你考中第九名。」第二年，他去參加考試，果然沒有錯，孔先生都算準了。

於是，袁了凡又讓孔先生為他推算終身的命運。孔先生告訴他：「你某年應考第幾名，某年可以廩生補缺，某年可以當貢生。當貢生後，某年又會去四川一個大縣當縣令，三年半後，便回到家鄉。在五十三歲這一年的八月十日丑時，你將壽終正寢，可惜終身無子。」袁了凡將這一切都詳詳細細地記錄下來，並且銘記在心。

令人稱奇的是，以後每次考試的名次都與孔先生所算一致。

從此以後，袁了凡真的明白了，一個人一生的吉凶禍福、生老病死、貧富貴賤，都是上天安排好了的，不能強求。命裡沒有的，怎麼動腦筋、怎麼努力都得不到；命裡有的，不用多想、也不用怎麼努力，自然就會有。於是，他認命了，無求、無得、無失，心裡真正地平靜了下來。

他當了貢生以後，在北京住了一年，終日靜坐，毫無想法，也不讀書寫字，真可謂心如止水。因為他知道了自己的命運，想也沒用，所以，他什麼都不想了。

己巳這一年，袁了凡回到南方，去朝廷所辦的大學——南京的國子監遊學。未入學之前，他到南京棲霞山拜訪了著名的雲谷禪師。他與雲谷禪師在禪堂裡對坐，三天三夜都沒合眼，依然精神飽滿。雲谷禪師暗暗稱奇，心想：如此年輕之人，怎麼會有這麼高深的定力呢？真是難得！難得！

於是，雲谷禪師問道：「凡夫之所以不能成為聖人，是因為心中有雜念和妄想。你坐在這裡三天三夜，我沒有看到你有一個妄念。這是什麼原因呢？」

袁了凡回答道：「因為我已經知道了自己的命運。二十年前，有一位姓孔的先生早就算定了，我一生的吉凶禍福、生老病死都是注定的，還有什麼好想的呢？想也沒有用，所以乾脆就不想了。」

雲谷禪師笑了笑，說道：「我還以為你是一位定力高深的豪傑，原來也只是一個凡夫俗子。」

袁了凡向雲谷禪師請教：「此話怎講呢？」

雲谷禪師說：「人的命運為什麼會被注定呢？這是因為人有心、有妄想。人如果沒有了心、沒有了妄想，命運就不會被注定。你三天三夜不合眼，我以為你拋開了妄想，沒想到你仍有妄想，這妄想就是——你什麼都不想了。」

袁了凡問道：「既然如此，那麼按照你的說法，難道命運可以改變嗎？」

雲谷禪師說道：「儒家經典《詩經》和《尚書》裡都說過這樣一句話——命由我作，福自己求。這的確是至理名言。任何人的命運都是由自己的心性決定的，人的幸福也全看自己怎樣去追求。佛家經典中也說：求富貴得富貴，求男女得男女，求長壽得長壽。妄語是佛家的根本大戒，佛難道還會妄語嗎？難道還會欺騙你嗎？」

袁了凡進一步向雲谷禪師請教：「孟子說：『有所求，然後才能有所得。』其意思的確是指求在自己。但是，孟子的話是針對一個人的道德修養而言，人的道德修養無疑可以透過自身的培養而獲得，而功名富貴是身外之物，難道透過內在的修身養性也可以獲得嗎？」

雲谷禪師說：「孟子的話沒有說錯，是你自己理解錯了。你理解對了一半，另一半你還不知道。其實，除道德修養可以透過內心求得之外，任何一切也都可以求得。你難道沒有聽過六祖說的這樣一句話嗎？『一切福田，不離方寸，從心而覓，感無不通』。意思就是說，任何成功和幸福都離不開人的方寸之心；一切追求最終是否成功，都取決於人的心。要追求一切，首先就必須從追求心靈開始。所以，孟子說的求在自己，不僅僅指道德修養，功名富貴也是如此。道德修養是內在自身的，功名富貴是外在的，但這兩者的獲得都應該從內心入手，而不要捨棄內心，盲目地在外面去追求。從內心入手，內外的追求都可以得到。如果不反躬內省，只一味地向外追逐，那麼，盡管你拚命努力，用盡了許多方法和手段，但這一切都是外在的，內心沒有覺悟，你就只能像無頭蒼蠅一樣四處碰壁，最終毫無結果。所以，一個人從外面去追求功名富貴，往往會內外兩者都失掉。」

袁了凡聽完雲谷禪師的話以後，豁然開朗。接著，雲谷禪師又問道：「孔先生算你終身命運如何？」袁了凡老老實實地全都告訴了他。

雲谷禪師又問：「你捫心自問一下，自己是否應該中舉？是否應該生子？」袁了凡認真地反省自己，想了很久，他說：「不應該！」為什麼呢？袁了凡認為科第中人都有福相，而自己福薄，所以不會中舉。那麼，袁了凡為什麼福薄呢？因為他心性有問題：他急躁，肚量狹小，不能容人；他恃才傲物，常常用自己的才能和智慧去壓別人，鋒芒畢露，直來直去，任性縱情；他說話隨便，不負責任。

為什麼又不應該有兒子呢？

地不乾淨才會生長五穀雜糧；水太清了就沒有魚。袁了凡認為自己不應該有兒子一共有六個原因：

一、他有潔癖，好整齊，一點髒東西都不能忍受，自然也就不能忍受孩子帶給他的髒亂。

二、和氣養育萬物，袁了凡卻喜歡發怒，常常發脾氣。看不慣的、看不順眼的，他就不能容忍，要發作一通。

三、養兒子要有愛心，但袁了凡卻是一個刻薄的人。他愛惜自己的名節，不願意幫助別人。

以上三點都是袁了凡心理上的原因，下面三條則是生理上的原因。

一、他喜歡說話、喜歡批評別人、喜歡談論是非，常常在言語上強出人頭。話多傷氣，氣血會受到損傷。

二、他喜歡喝酒，常常過量。嗜酒傷神，如此一來，對他的身體產生了較大的影響。

三、他經常晚上不睡覺，徹夜長坐，而不知道保養身體。

除此之外，袁了凡身上還有許許多多毛病，這些毛病阻礙了他的發展。

聽完袁了凡一番自我剖析的話之後，雲谷禪師感到袁了凡是一個很坦誠的人，他對自己的缺點和毛病有所了解，是一個有自知之明的人。

於是雲谷禪師進一步對袁了凡說：「豈止是求取功名需要從心做起？做任何事都應該從心做起。這個世界上的大富大貴者之所以大富大貴，是因為他們的心能夠承受這種大富大貴；一些人之所以是中富階層，也是因為他們的心只能承受這種財富；而一些人之所以餓死，就是因為他們自身存在著許許多多缺陷。我們這個世界上，每一個人的命運都是由其內心來決定的，上天何曾有半點意思？

所以，世間凡人都以為是天意在安排自己的一切，其實不然，真正的原因是自己的造作，絕對不是天意。

「你今天既然知道了自己的毛病和缺陷，那麼就可以將這些阻礙你發展的東西全部洗刷掉。一定要擴充自己的德性，一定要拓寬自己的肚量，一定要擁有愛心，一定要愛惜精神，總之，一定要徹底改變自己。『從前種種譬如昨日死，從後種種譬如今日生。』過去自己的一切就讓它過去了，彷彿昨天已經死去一樣，而今天的自己是一個洗心革面的新人。完全符合理性的精神，從而成為一個義理變通之人。

「一個血肉之軀的人，有自己的天性和慾望，他的心無疑會受到天性和慾望的支配，就像你以前一樣，所以，其命運往往是注定的。而義理變通之人，其心已徹底改變，他不會按照天性去行動，也不會心存妄念，這樣的人戰勝了自己的天性，克服了自己的缺陷，所以，他也就掌握了自己的命運。」

雲谷禪師告訴他說：「孔先生說你不能登科，沒有兒子，這是根據你的天性而算定的，這是天作之孽，完全可以透過內心的努力去改變它。」

雲谷禪師告訴袁了凡：「要想安身立命，首要的一點要做到無思無慮，不要被功利之心所束縛，不要整天沉迷在富貴與貧賤、長壽與短命的煩惱之中，要從這種煩惱之中超脫出來，拋棄一切妄想。如此一來，你的內心就會清淨。內心清淨，本真之心就會自然呈現，而智慧也就會從本真之心內源源不斷地流出，這就叫水落石出。到了這一地步，自造先天之境，自己就可以改變自己的命運了。」

袁了凡以前的名字叫學海，聽完雲谷禪師的話以後，當天，他便改名為了凡，其含義是自己瞭解了安身立命之說，立志不走凡夫俗子之路，一定要改變自己的命運。從此以後，他整日小心謹慎，不敢讓自己的行為越雷池半步。他的心態開始發生了變化。

以前，他放縱自己的個性，言行隨隨便便，過一天算一天。而現在，他時刻警覺，不斷反省檢點自己的行為，即使一個人獨處的時候，也常常感覺有一種無形的力量在注視著自己；遇到有人憎恨誹謗他，他也能安然容忍，內心相當平靜，不像從前那樣心浮氣躁，一點點委屈都受不了。

第二年，禮部進行科舉考試。孔先生算他該考第三名，他卻考了第一名，孔先生的卦終於不靈驗了。而秋天的大考，他又考中了舉人。孔先生算他命裡不會中舉，現在他居然考中了。

從此以後，袁了凡便對命運變通之說深信不疑，時時刻刻檢點反省自己：是否積善行德不勇敢？是否救人的時候常懷疑慮？是否自己的言論還有過失？是否清醒時能做到而醉後又放縱了自己？

從己巳年改名以後，袁了凡便自己掌握了自己的命運：他有了兒子，取名天啟；他不僅考中了舉人，而且還考取了進士；他命裡本應去四川當縣令，後來卻在天津寶坻當了知縣，最後官至尚寶司少卿；孔先生算他壽命只有五十三歲，他卻一直活到七十四歲。

袁了凡的經歷告訴我們一個改變命運的法則：從心開始。現實生活中許多人都在拚命地追求成功，卻很少有人捫心自問，很少有人從內心審視自己。宋人羅大經有一首詩曰：

盡日尋春不見春，芒鞋踏遍隴頭雲。
歸來笑拈梅花嗅，春在枝頭已十分。

好命與成功恰似這濃濃的春意。倘若內心澄淨，一枝梅花春也濃；倘若內心出了問題，盡日尋春也枉然。

因此，我們不必抱怨，不必歎息，更不必焦慮。只要我們能夠從內心入手，發現自己，讓心靈覺悟，那麼我們就能改變命運。

淡定的幸福

心是你選擇一切的根。

| 5 |

旅行的目的不是要去尋找一個家

人在旅途，往往要考慮：今夜宿何處？

大多數人會把駐足點設想在尚未到達的前方某一處，而極少能於當下止步，安心即住。

稍有身份的，或較有錢的，都想趕到城裡住賓館。因為住宿條件若不夠理想，他們是難以安睡的。還有些人，要求住宿處高級，他們注重的是娛樂、消遣、刺激，而不在於住宿本身了。

而開著豪華小車出行的人，只要有可能，則會儘量趕回家裡，哪怕是行到天亮！因為家裡放鬆、舒適，出門在外便放心不下、安身不得。

也有人，家境很一般，本無需牽掛，也並非要節省住宿費，但仍盡可能趕回家住，只是緣於「金窩銀窩，不如自己狗窩」的習慣心理所驅使。

再有一種人，出門為謀生計，對住宿也就無法講究。走累了，或乘車停靠了，隨便找個旅店，倒頭就睡，一覺到天亮。他們雖不能把異地他鄉當家，但也算能夠隨遇而安。

看來，「家」已成為世俗人旅途的後方乃至歸宿。家，既給旅人以信心和慰籍，又往往成為旅人難以割捨的包袱。人們既無法帶走它，又時時在心中裝著它。心中老是牽掛著家的人，其旅行是很難獲得愉快、自在的感受。

一位作家說過：「家庭不是後方，只是人生旅途中的一處驛站！」是的，漫漫人生恰如長途跋涉，旅行的目的不是要去尋找一個家，人生的終點更不是要回歸到自己感到最舒適的「家」，否則，就不必從家出發去旅行了。

紅塵中的人們都懂得「餓來吃飯，睏來即眠」的生活規律，但在人生旅途中本該安歇時，又總是因為有太多的牽掛和無奈，狂心不息，而不能安住。

然而，卻有這樣一種與眾不同的「旅人」——雲遊、行腳的僧人，他們頭戴竹笠，身背行囊，出行不慮陰、晴、雨、雪，不計春、夏、秋、冬，既不需美食錦衣，更不愁夜宿何處，行止隨心，一切隨緣，可謂是「行到水窮處，坐看雲起時」。旅行中，若逢天黑了，路邊小店、茅棚、山洞均可棲身，甚至在路邊、樹下即可坐臥，天當房、地作床……

將在人生旅途中遠行的人們，學學那些行腳的僧人？果敢地斬斷對後方的種種牽掛、顧慮，放棄對遠方的虛無飄渺的幻想，而專注於眼前，把握好當下。不必行旅匆匆，但求步履從容，在人生旅途的每一處驛站，安心即住，涵養自性的寧靜，感悟生命的充實……

淡定的幸福

人生到處誰非客？得意江湖便是家。

讓心超越於是非之外才能逍遙

莊子在他的《逍遙遊》中，曾論及飛不過榆枋林的蟬和小鳩的眼界。自不比能乘風扶搖而上者九萬里的大鵬。其實大鵬的逍遙畢竟也是有條件的，如果沒有能載它上飛的狂風，大鵬又何來逍遙？而大鵬之非凡能力，也只有在一定範圍裡才表現出它的非凡。又安知沒有比大鵬飛得更高的鳥？

莊子指出，只有當事物能隨順萬物的本性，使萬物各遂其自然法則，一任萬物的盈虛消長，沒有絲毫的造作之意、分別之心，這樣才能稱得上逍遙。

莊子的智慧實在令人讚歎。只有讓心超越於是非之外，才能不受控於世俗是非之侷限，將它釋放到無窮的空間，才能體認出與道合一的逍遙。

淡定的幸福

心能遊離於世俗之外，坦然安住於自己的樸素、寧靜之中，自然能減少造作，遠離是非。

放下人生的包袱

一個青年背著一個大背包千里迢迢跑去找無際大師，他說：「大師，我是那樣的孤獨、痛苦和寂寞，長期的跋涉使我疲倦到極點；我的鞋子破了，荊棘割破雙腳；手也受傷了，流血不止；嗓子因為長久的呼喊而瘖啞……為什麼我還不能找到心中的陽光？」

大師問：「你的大背包裡裝的什麼？」

青年說：「它對我可重要了。裡面是我每一次跌倒時的痛苦，每一次受傷後的哭泣，每一次孤寂時的煩惱……靠了它，我才能走到您這兒來。」

無際大師帶青年來到河邊，他們坐船過了河。上岸後，大師說：「你扛了船趕路吧！」

「什麼，扛了船趕路？」青年很驚訝，「它那麼沉，我扛得動嗎？」

「是的，孩子，你扛不動它。」大師微微一笑，說，「過河時，船是有用的。但過了河，我們就要放下船趕路。否則，它會變成我們的包袱。痛苦、孤獨、寂寞、災難、眼淚，這些對人生都是有用的，它能使生命得到昇華；但須臾不忘，就成了人生的包袱。放下它吧！孩子，生命不能太負重。」

青年放下包袱，繼續趕路，他發覺自己的步子輕鬆而愉悅，比以前快得許多。原來，生命是可以不必如此沉重的。

每個人都有過去——過去的經歷、過去的思想、過去的感受，這些過去就形成了記憶堆積在心裡的角落。一天一天，心裡裝的越來越多，心兒也越來越重。為何不嘗試把過去那些不開心的事情全部捨棄掉？人活在世上有無數個「太多」：有太多的分分秒秒、太多的瞬間，也有太多的選擇、太多的無奈……但這無數個「太多」的背後，你只能讓心去承受沉澱，去過濾。

房間要經常打掃，不打掃就會落滿灰塵。居住在滿是灰塵的房間，會感到很不舒服。心靈的房間也要經常打掃，不打掃也會積滿污垢，蒙塵的心，會變得灰暗迷茫。

我們每天都會經歷很多事，想到很多事，開心的，不開心的，都在心裡安家落戶。心裡的事情一多，心也跟著亂起來。痛苦的情緒，不愉快的記憶，如灰塵一樣集聚在心裡，恰如房間堆滿了雜物變得雜亂無章，使人心煩意亂，委靡不振。掃除心裡的灰塵，為快樂騰出更多更大的空間，能夠使黯然的心變得亮堂，使雜亂的心變得清淨，從而告別煩惱。

在日常生活中，需要清理的常見的不潔之心至少有如下種種：

一、貪慾之心

古人說：「海納百川，有容乃大；壁立千仞，無慾則剛。」由於貪慾多了，自私多了，我們成了凡人。凡人的最大弱點是貪慾。人有了貪慾之心，就永遠得不到快樂。因為慾望是無限擴大永無止境的，這個願望滿足了，下一個願望又來了；小的願望實現了，大的慾望又產生出來。這樣一個個無休無止的慾望把人們弄得疲憊不堪，生不如死。只有戒欲，把慾望控制在最低最小，才是人生尋找到快樂的最好辦法。

二、傲慢之心

泰戈爾說：「除非心靈從偏見的奴役下解脫出來，心靈就不能從正確的觀點來看生活，或真正瞭解人性。」由於人的偏見，自我被無限放大，傲慢之心由此產生。傲慢是仁者之心的缺失，作祟者是自以為是。生活中的一些人，特別喜歡「老子天下第一」這個詞，對人趾高氣揚，做事張揚浮誇；走起路來，橫衝直闖；說起話來，旁若無人，誇誇其談。懷有傲慢態度的人給別人帶來不悅，也為自己埋下禍根。傲慢者可能喪失朋友，喪失事業，甚至喪失天下。也正因為此，他永遠找不到快樂。只有認識自我，找回自我，放棄傲慢，平等待人，才能真正享受生活。

三、自卑之心

黑格爾說：「自卑往往伴隨著怠惰，往往是為了替自己在其有限目的的俗惡氣氛中苟活下去作辯解。」是的，不是每個人都可以成為偉人，但每個人都可以成為內心強大的人。內心的強大，能夠稀釋一切痛苦和哀愁；內心的強大，能夠有效彌補你外在的不足；內心的強大，能夠讓你超越自我。

所有的失敗都是為成功做準備的，抱怨和洩氣，只能阻礙成功向自己走來的步伐。不要總以為生活辜負了你什麼。其實，你跟別人擁有的一樣多。相信自己，找好自己的位置，每一個人都可以獲得更加精采的人生。

四、懶惰之心

有的人看到別人成功，就開始怨天尤人，怨老天沒給他機遇，怨別人擋了他的道。整天怨這怨那，不思進取，不檢點自己的行為，把精力和時光耗費在抱怨上。真正的機遇從不眷戀那些懶惰的人，不要一味地羨慕人家的成功，只有透過自己恆久的努力，戰勝懶惰，才可能為自己開創燦爛的人生和美好的未來。

五、狹隘之心

寬容是一種美德。寬容別人，其實也是給自己的心靈讓路。只有在寬容的世界裡，人才能奏出和諧的生命之歌。要想沒有偏見，就要創造一個寬容的社會。要想根除偏見，就要先根除狹隘的思想。只有遠離偏見，才能有人與內心的和諧，人與人的和諧，人與社會的和諧。我們不但要自己快樂，還要把自己的快樂分享給朋友、家人甚至素不相識的陌生人。

淡定的幸福

分享快樂本身就是一種快樂，一種更高境界的快樂。

寬待生活，簡單地生活

據說，石榴有兩種：花石榴和果石榴。花石榴開千瓣之花，卻結不出粒米之實。果石榴以寥寥數瓣的花朵，卻孕育出甘甜的漿汁。

有個富者，他用孔雀的毛編成絲，純金打成鉤，鉤上鑲鑽石，並用珍珠做餌，持銀質的釣桿釣魚，魚兒並不理睬。釣起魚來的，反倒是那些持竹竿的垂釣者。

很多時候，我們會被一些美麗的東西迷惑，忘記了自己真正應該追求的不是過程而是結局，或者輕易地把過程當成結局。這時，我們就會把一些簡單的東西演變得十分複雜，希望從這種複雜裡體會到成功的喜悅，而最終的成功，卻因此而失之交臂。

其實，人生的道路上鋪滿鮮花反而會耽誤了行程，若索性簡單一些，或許會採摘到更大的果實。

簡單地生活，不是如佛家般脫離紅塵，置身世外；也不是如道家般主張「絕聖棄智，擢亂六律」；而是以一種淡然的心境寬待生活，在「風煙俱靜，天山共色」的悠然襟懷中，體會「天涼好個秋」的情懷。

簡單地生活，也不是凡事無爭，敷衍生活，而是心平氣和地從事你的工作與生活。獨處斗室時，你思接千載，神遊萬仞，在書林瀚海中徜徉忘神；摯友相聚時，你無拘無束，暢所欲言，在親情與友情中怡然自樂；就是在平凡的家庭生活中，你也能因妻子動情的嬌嗔而如沐春風，因孩子可愛的稚言而快慰不禁。甚至最單調的鍋碗瓢盆交響曲，你也完全可以換個角度去欣賞去讚美……總之，在紛繁的世界中拋去苛求，簡單地生活能幫助我們重新找到迷失了的自我，恢復為利慾蒙蔽的本性，使我們多一份詩意，多一份瀟灑，多一份平和，多一份自我欣賞與肯定！

有位哲人說：「真正的財富，是健康的身體、簡單的生活和心情上的海闊天空。」原來，我們對生活牢騷滿腹，首先是由於我們自己的生活太複雜；我們懷疑外部的事物是否合理，首先是由於我們對自己本身是否合理有懷疑！真正值得珍惜的不是其他，而是不為物累的睿智、平淡雋永的自得、真誠無欺的自愛。簡言之，即簡單地生活。

淡定的幸福

苛責生活，晴空滿是陰霾，四顧盡成危道。寬待生活，惡瀾可成清流，狂飆自成和風。簡單地生活，瀟灑就在自身，紅塵便是福地！

第五章

愛恨因緣而起

佛陀說：「色不異空。」指出空(虛無)與色(實有)相依存，
當你感覺空虛時，你就獲得了實實在在的空虛。
這是你最大的收穫，
你將根據你收穫的空虛收穫
等量甚至超量的快樂與幸福。

最偉大的母愛

有一位殺豬的屠夫對母親忤逆不孝，常生氣並惡口叱責母親。但屠夫儘管不孝，對觀世音菩薩的信仰倒還有幾分虔誠。

一次，他跟著進香團，到南海普陀山朝拜觀世音菩薩。他聽說，普陀山的梵音洞常常有菩薩現身，他四處找尋，卻不見菩薩的蹤影。

屠夫十分失望，心裡想：為何無緣見到活觀音呢？恰好路上走來一個老和尚，屠夫上前詢問老和尚：「我在梵音洞找尋菩薩的真身，從早到晚遍尋無蹤，我怎樣才能親見菩薩？」

老和尚一聽：「你要見活觀音嗎？觀音到你家裡去了，你回家就能見到活觀音。」

屠夫深信不疑，臨別再問老和尚：「要如何認得活觀音的模樣呢？」

老和尚說：「她的衣服是反穿的，鞋子也是倒過來穿的，你只要看到反穿衣、倒踏鞋的人，就是活觀音。」屠夫聽完老和尚一番指點，非常興奮，一路趕著回家。

回到家已經三更半夜了，屠夫一心要看到活觀音，焦急地敲門：「快來開門啦！」

母親聽到是兒子的聲音，因為懼怕兒子的粗暴，急著起床開門。匆忙之間，將衣服穿反了，鞋子也踏錯了。打開門時，兒子看到母親的樣子，不就是老和尚所說的活觀音嗎？

屠夫終於心有所悟，知道老和尚的用心，原來時時刻刻為兒女含辛茹苦、受盡人間艱苦的母親就是活觀音。

世間最偉大的愛就是母愛。這愛沒有史詩的撼人心魄，也沒有風捲大海的驚波逆轉，母愛就像一場春雨，潤物無聲，綿長悠遠。

它沉浸於萬物，充盈於天地。有了母愛，人類才從洪荒蒼涼走向文明繁盛；有了母愛，社會才從冷漠嚴峻走向祥和安康；有了母愛，也才有了生命的肇始，歷史的延續，理性的萌動，人性的回歸。《華嚴經》中說：「勇猛丈夫觀自在。」至於觀世音菩薩在此世界多現女身道理在於：女眾內心中的柔和慈善勝過男子。特別是母愛，觀世音深知世間母愛的偉大，所以處處示現女身，感化世人，將世間的母愛加以淨化而擴大，去慈愛一切眾生，成就正知正覺。

講一個關於母愛的故事吧！我們沒有理由不讚美她，不回報她。

在一個大雪的冬夜，一個小男孩緊緊地拉著母親的手，膽戰心驚地往回走，在一個前不挨村後不挨店的鬼地方遇到了狼。

他們站在原地，緊盯著兩匹狼一前一後慢慢地向自己靠近。那是兩隻飢餓的狼，確切地說是一隻母狼和一隻尚幼的狼崽，在月光的照映下能明顯地看出它們的肚子如兩片風乾的豬皮緊緊貼在一起。母狼像一隻碩大的狗，而狼崽卻似小狗緊緊地跟隨在母狼的身後。

母狼豎起了身上的毛，做出騰躍的姿勢，隨時準備著撲向他們，用那鋒利的牙齒準備一口咬斷他們的喉嚨。狼崽也慢慢地從母狼身後走了上來，和它母親站成一排，做出與母親相同的姿勢！

男孩的身體不由得顫抖起來，然而那位母親臉部表情卻是出奇的沉穩與鎮定，她輕輕地將男孩的頭朝外挪了挪，悄悄地伸出右手慢慢地從腋窩下抽出那把尺餘長的砍刀。砍刀因常年的磨礪而閃爍著懾人的寒光，在抽出的一剎那，柔美的月光突地聚集在上面，隨刀的移動，光在冰冷地翻滾跳躍。殺氣頓時凝聚在了鋒利的刀口之上。

也許是懾於砍刀逼人的寒光，兩隻狼迅速地朝後面退了幾步，然後前腿趴下，身體彎成一個弓狀。男孩緊張地咬住了自己的嘴唇，因為他聽母親說過，那是狼在進攻前的最後一個姿勢。

母親將刀高舉在了空中，但右手在微微地顫抖著，顫抖的手使得刀不停地搖晃，刺目的寒光一道道飛彈而出。這種正常的自衛姿態居然成了一種對狼的挑釁，一種戰鬥的召喚。

母狼終於長嗥一聲，突地騰空而起，身子在空中劃了一道長長的弧線向他們直撲而來。在這緊急關頭，母親本能地將男孩朝後一撥，同時一刀斜砍下去。沒想到狡猾的母狼卻是虛晃一招，它安全地落在離母親兩米遠的地方。刀沒能砍中它，它在落地的一瞬快速地朝後退了幾米，又做出進攻的姿勢。

就在母親還未來得及重新揮刀的間隙，狼崽像得到了母親的旨意緊跟著飛騰而出撲向母親，母親打了個趔趄，跌坐在地，狼崽正好壓在了母親的胸上。

在狼崽張嘴咬向母親脖子的一剎，只見母親伸出左臂，死死地扼住了狼崽的頭部。由於狼崽太小，力氣不及母狼，它被扼住的頭怎麼也動彈不得，四隻腳不停地在母親的胸上狂抓亂舞，棉襖內的棉花一會兒便一團團地被抓了出來。

母親一邊同狼崽搏鬥，一邊重新舉起了刀。她幾乎還來不及向狼崽的脖子上抹去，最可怕的一幕又發生了。

就在母親同狼崽搏鬥的當下，母狼避開母親手上砍刀折射出的寒光，換了一個方向朝躲在母親身後的男孩撲了過去。男孩驚恐地大叫一聲倒在地上用雙手抱住頭緊緊地閉上了眼睛。這時，狼口已到了男孩的頸窩。

也就在這一刻，母親忽然悲愴地大吼一聲，將砍刀插進了狼崽後頸的皮毛肉，刀刺進皮肉的刺痛讓狼崽也發出了一聲渴望救援的哀嚎。

奇蹟在這時發生了。

母狼噴著腥味的口猛地離開了男孩的頸窩。它沒有對男孩下口。但仍壓著他的雙肩的母狼正側著頭用噴著綠火的眼睛緊盯著母親和小狼崽。母親和狼崽也用一種絕望的眼神盯著自己的孩子和母狼。母親手中的砍刀仍緊貼著狼崽的後頸，她沒有用力割入，砍刀露出的部分，有一條像墨線一樣的細細的東西緩緩地流動，那是狼崽的血！

母親用憤怒恐懼而又絕望的眼神直視著母狼，她緊咬著牙，不斷地喘著粗氣，那種無以表達的神情卻似最有力的警告直逼母狼：母狼一旦出口傷害男孩，母親會毫不猶豫地割下狼崽的頭！

動物與人的母性的較量在無助的曠野中持續起來。無論誰先動口或動手，迎來的都將是失子的慘烈代價。相持足足持續了五分鐘。

母狼伸長舌頭，轉過頭看了男孩一眼，然後輕輕地放開那只抓住男孩手臂的右爪，繼而又將按在男孩胸上的那只左腳也抽了回去，先前還高聳著的狼毛慢慢地趴了下去，它站在男孩的面前，一邊大口大口地喘氣，一邊用一種奇特的眼神望著母親。

母親的刀慢慢地從狼崽脖子上滑了下來，她就著臂力將狼崽使勁往遠處一拋，「撲」的一聲將它拋到了幾米外的草叢裡。母狼撒腿奔了過去，對著狼崽一邊聞一邊舔。母親也急忙轉身，將已嚇得不能站立的孩子扶了起來，將他攬入懷中，她又將砍刀緊握在手，預防狼的再一次攻擊。

母狼沒有做第二次進攻，它和狼崽佇立在原地呆呆地看著他們，然後張大嘴巴朝天發出一聲長嗥，像一隻溫順的家犬帶著狼崽很快消失在幽暗的叢林中。

在這場狼與人的對決中，唯一的勝者便是母愛。因為這種愛無論在何時何地都有超越自然界所有愛的力量。在人的世界裡，母愛使母親呵護自己的孩子遠勝過呵護自己的生命。她傾注了自己的全部只為著親眼看著這個孩子茁壯成長起來，成長為參天大樹，女人雖然是柔弱的，卻也是剛強的，母愛把柔弱和剛強巧妙地揉合成一層牢不可破的母子情結。

點燃了人類持續不滅的火種。我們最應該感謝我們的母親，只因母愛的純潔、無私和偉大。

淡定的幸福

沒有母親，便沒有我們。沒有母愛，我們便會是最孤獨、寂寞的行者。

朋友之愛貴乎知己

佛說：「每個人，除親戚可以幫忙扶助外，就只有『知己』。知己，就是很要好、非常親密、更能扶助的朋友，就是好朋友。

人都要這樣的知己好友，不然的話，有困難的時候，就沒有人來幫忙扶助了。」

知己，指的是一種交心的友情，它是君子之交，莫逆之交，或生死之交。人們常說：「相識滿天下，知心有幾人。」的確，在人生的旅途中，我們需要友情的滋潤，一個人在社會上，如果沒有朋友的話，可說是相當孤獨而且痛苦。進一步言，若能在朋友群中，得到一二知己，則於願足矣！正如魯迅先生所言：「人生得一知己足矣，斯世當以同懷視之。」有了知己，生命才顯出它全部的價值。

人之相知，貴相知心，在我國歷史上，不乏知己之交實例，伯牙與鍾子期，形同莫逆，伯牙善彈琴，鍾子期善聽琴，其默契已達天衣無縫。有一天，當伯牙驚聞子期猝逝，伯牙感念「痛失知音」，從此斷弦，此即史上有名之「伯牙絕琴祭子期」。另外，管鮑之交，更是千古傳為美談。管仲是春秋時期齊國大政治家，因輔佐齊桓公成為春秋第一霸主而名標青史。齊桓公能得到管仲這個得力助手，是鮑叔牙大力舉薦的結果。管仲和鮑叔牙是好朋友，起初管仲和鮑叔牙合夥經商，管仲出的本錢沒有鮑叔牙多，可是到分紅的時候，他收了應得的那一份，還要再添點兒。鮑叔牙手下的人罵管仲貪得無厭。鮑叔牙替他辯解說：「他不是貪這幾個錢。他這樣做是因為他家人口多，開銷大，是我自願讓給他。」管仲曾經帶兵打仗，進攻的時候他離戰鬥激烈的地方遠遠的，退卻的時候他卻跑在最前面。手下的士兵全都對此不以為然，恥於與他為伍。鮑叔牙卻說：「管仲家裡有老母親，他是為了侍奉母親的晚年才愛惜其身，並不真是怕死。」鮑叔牙百般袒護管仲，是因為鮑知道管仲是個人才，只是還沒有機遇施展。管仲聽到這些話，感歎道：「生我的是父母，瞭解我的是鮑叔牙啊！」就這樣，管仲和鮑叔牙結成了莫逆之交。

正如中國古人所言：道不同則不相為謀。能夠成為朋友並在此基礎上成為知己的，不僅是可以相互關愛的，更是可以彼此惺惺相惜的。

如果兩人的信仰、原則各不相同，即使成為朋友，最終也會分手。

三國時代的管寧和華歆同窗求學、同席讀書。管寧志趣高潔，把勢與利看成糞土一般。而華歆則迷戀金錢、趨炎附勢。管寧不願與華歆為伍，把蓆子從中割開，兩人分坐，以示絕交。兩人絕交的原因並不複雜，實際上就是兩人的志趣不同，可以說是背道而馳。華歆迷戀金錢、趨炎附勢，是個十足的「勢利眼」，這類人的眼睛總是向上，總攀高枝、抱粗腿，無非是要沾點光，撈點好處，如果對待朋友也是如此，那說明並沒有真情。

像華歆這樣的人很多。古代有一位翟公，官居廷尉之職時，賓客盈門，待他被罷官後，賓客均作鳥獸散。後翟公恢復廷尉官職時，賓客們又都來了。翟公感慨萬端，揮筆題詞於門上：「一生一死，乃知交情；一貧一富，乃知交能；一貴一賤，交情乃見！」這種勢利之交在今天也大有市場，一些人就是專好結交社會名流，趨炎附勢，「借光」謀私。這種交情，毫無真情可言，表面上那些禮節客套、甜言蜜語，全是一片虛情假意。更有甚者，明裡一把火，暗中一把刀。這樣的交情，還是早早斷了好。如果只是礙於面子，不願斷交，那最終吃虧的還是你。

志趣不同，特別是勢利之交不可取。如果是信仰不同，所走的道路不同，更要當斷則斷。

道相同、志相合是成為知己的必要條件。沒有這個條件，就不能成為知己。即使是做朋友都很難。而這世間最難得的就是一個知己。因為，這種深情厚誼，是人間友誼之中最值得珍惜的愛。因為它可以跨越塵世中的一切距離和阻滯，只為彼此的認可和欣賞，就能夠彼此珍惜，相互關愛。

淡定的幸福

缺乏真正的朋友，是最純粹最可憐的孤獨；沒有知己，就等於在真正的朋友中間找不到另一個自己。

愛恨皆源於情

佛說：「這個世間的一切眾生，都被情感這種力量所牽引，也用情感的方法處理這個世間的各種問題。所以世間一切眾生，都因為在情感之河中隨波逐流，而成為不能解脫的人。」

人生有兩種特質，一是善（善心所）；一是惡（煩惱心所），在善、惡的特質中，各有很多的成分（心所），而這些成分彼此錯綜複雜地交合，就形成了種種不同形態的感情表象。所以，感情問題，如果我們只是從感情的表象去瞭解，就會受困於感情的多樣化而掌握不到問題的核心。比方說夫妻之間的關係，有的像兄妹，有的像父女，有的像朋友，有的像情人，甚至有的像仇人；同樣的，爸爸對女兒，媽媽對兒子，也都有很多不同的類型。所以，只有當我們理解到人與人之間感情的最後關鍵點是人性深處的綜合表現，是人性的本質，我們才能對感情問題作一個最忠實的評鑑。一般說來，如果感情是純淨的，多半是從信、慚愧、無貪的立場出發，比方對元首效忠，對爸爸孝順，這是從信出發，也就是他認為這樣做是好的，正確的，接受這個觀念，所以就產生了孝心、忠心。可是就男女的感情來說，相處不好的各種因素中，最核心的元素是貪(當然父子、兄弟、朋友、君臣之間也有部分是靠貪來達成的)，因為有貪，我們心性無法達到最深刻的純淨，而產生感情，感情的產生，使彼此得到協調、得到溝通。而如果兩方面變成排斥，就是因為癡，這是人性最深刻的煩惱。以上，我們已經看到人性中貪的元素是男女感情不好的癥結，接著我們再繼續從貪的角度來分析男女的感情。

貪的對象有很多，其中色貪第一，眷屬貪第二，其他還有財、名、食、睡等，譬如有人貪太太的美貌，有人貪太太的錢財，有人貪太太燒的好菜，有人貪甜言蜜語，這都是貪著。但是男女之間貪著為最深的是情慾，這是維繫男女感情最根本的東西。男女的情慾有四個層次，這四個層次本質是一樣的，但是程度有差別。第一層次是色，也就是貪著外在的美貌。第二個是情，所謂情使兩個人心靈有了溝通點，不管任何溝通點，都會產生情。不但男女之間如此，朋友之間也是這樣。所以，有時專家建議夫妻之間要找共同的愛好，其實就是找溝通點，也就是感情的培養。第三個是愛，愛已經是一種執著，就是不管你愛不愛我，反正我愛你！這跟情不一樣，它是不需要溝通的。第四個層次是淫慾。淫慾是生理的反應，比較污濁，不管有沒有色、情、愛，它只是一種需要解決的生理反應。

這四個層次，就是男女之間互相貪著的情執。所以如果沒有辦法超越這四個層次，就一定會墮入男女情慾的漩渦而為之苦惱。

今天為什麼會有那麼多人離婚？一定是彼此的貪著已經沒有了，或是外面的貪著比對太太的貪著更強烈；而有的夫妻之間根本沒有了吸引力，為什麼又不離婚？這可能是為了面子，為了小孩。所以感情的問題，不是愛不愛的問題，而是心性清淨與否的問題。今天為什麼他會愛一個不該愛的人而捨棄他該愛的人？就是因為他煩惱重、太愚癡、善性太弱了。如果這個人心靈純淨，他站在任何角度，都會把他的煩惱降伏，讓他的善性激發，對方再怎麼無理，面對再大的困難，他都不會使感情破滅。所以如何激發人的善性，降伏人的煩惱，才是徹底解決人與人之間感情問題的關鍵。今天我們看到任何感情的案子，都必須反省到人性的缺憾，知道必定是有煩惱障蔽他的心性，讓他的人性陷入無知的狀態而造成錯誤的決定。

淡定的幸福

情沒了，一切愛、恨、貪、嗔、癡就沒有了，一切皆因心起，無心即無罣礙。

聚散隨緣

愛情全仗緣分，緣來緣去，不一定需要追究誰對誰錯。愛與不愛又有誰可以說得清？當愛著的時候只管盡情地去愛，當愛失去的時候，就瀟灑地揮一揮手吧，人生短短幾十年而已，自己的命運把握在自己手中，沒必要在乎得與失，擁有與放棄，熱戀與分離。

失戀之後，如果能把詛咒與怨恨都放下，就會懂得真正的愛。雖然在偶爾的情景下依然不免酸楚、心痛。盧梭十一歲時，在舅父家遇到了剛好大他十一歲的德・菲爾松小姐，她雖然不很漂亮，但她身上特有的那種成熟女孩的清純和靚麗還是將盧梭深深地吸引住了。她似乎對盧梭也很感興趣。很快，兩人便轟轟烈烈地像大人般地戀愛起來。但不久盧梭就發現，她對他的好只不過是為了激起另一個她偷偷愛著的男友的醋意——用盧梭的話說「只不過是為了掩蓋一些其他的勾當」時，他年少而又過早成熟的心便充滿了一種無法比擬的氣憤與怨恨。

他發誓永不再見到這個負心的女子。可是，二十年後，已享有極高聲譽的盧梭回故里看望父親，在波光瀲灩的湖面上遊玩時，他竟不期然地看到了離他們不遠的一條船上的菲爾松小姐，她衣著簡樸，面容憔悴。盧梭想了想，還是讓人悄悄地把船划開了。他寫道：「雖然這是一個相當好的復仇機會，但我還是覺得不該和一個四十多歲的女人算二十年前的舊帳。」

愛過之後才知愛情本無對與錯、是與非，快樂與悲傷會攜手和你同行，直至你的生命結束！盧梭在遭到自己最愛的人無情愚弄後的悲憤與怨恨可想而知，但是重逢之際，當初那種火山般噴湧的憤怒與報復欲未曾復燃，並選擇了悄悄走開，這恰好說明世上千般情，唯有愛最難說得清。

如果把人生比作一棵枝繁葉茂的大樹，那麼愛情僅僅是樹上的一粒果子，愛情受到了挫折、遭受到了一次失敗，並不等於人生奮鬥全部失敗。世界上有很多在愛情生活方面不幸的人，卻成了千古不朽的偉人。因此，對失戀者來說，對待愛情要學會放棄，畢竟一段過去不能代表永遠，一次愛情不能代表永生。

聚散隨緣，去除執著心，一切恩怨都將在隨水的流逝中淡去。那些深刻的記憶也終會被時間的腳步踏平，過去的就讓它過去好了，未來的才是我們該企盼的。

淡定的幸福

緣聚緣散總無強求之理。世間人，分分合合，合合分分誰能預料？該走的還是會走，該留的還是會留。一切隨緣吧！

不要錯過了才知道後悔

克契禪僧到佛光禪師處學禪已經有好長一段時間了，但是由於個性原因，他不喜歡問禪，總是在被動中摸索，多次錯過了開悟的時機。

一天，佛光禪師見到克契禪僧，再也忍不住地說道：「你自從來此學禪，好像已有十二個秋冬了，但你怎麼從來不向我問道呢？」克契禪僧連忙答道：「老禪師每日都很忙，學僧實在不敢打擾。」

時光匆匆，轉眼又是三年。有一次，佛光禪師在路上又遇到了克契禪僧，再問道：「你在參禪修道上，有什麼問題嗎？有的話，就提出來。」克契禪僧回答道：「老禪師您這麼忙，學僧不敢隨便和您講話！」又是一年過去了，克契禪僧經過佛光禪師禪房外面，禪師又對克契禪僧說道：「你過來，今天我有空，請到我的禪室來談談禪道吧！」克契禪僧趕快合掌作禮道：「老禪師很忙，我怎敢隨便浪費您老的時間呢？」佛光禪師知道克契禪僧過分謙虛，不敢直接問道，錯過很多，所以再怎麼參禪，也是不能開悟的。佛光禪師知道對克契不採取主動不行，所以又一次遇到克契禪僧的時候，他明白地對克契說：「學道坐禪，要不斷參究，你為何老是不來問我呢？」克契禪僧仍然應道：「老禪師您很忙，學僧不便打擾！」佛光禪師當下大聲喝道：「忙！忙！我究竟是為誰在忙呢？除了別人，我也可以為你忙呀！」

佛光禪師一句「我也可以為你忙」的話，打入克契禪僧的心中，克契禪僧立刻言下有所悟。

克契禪僧因為顧慮佛光禪師太忙而不肯問法，錯過了很多得法的機會，還好，佛光禪師一次又一次不厭其煩地點化，終於讓他有所悟。而生活中，很多東西一旦錯過了，就將永遠失去了。

任何事物都是有保存期限的，一年、三年、五年，總會有過期的時候。人的生命也是有保存期限的，所有想做的事應該趁早去做，不要錯過了，只剩下美麗的遺憾。要知道，如果只是把心願鄭重其事地供奉在心裡，卻未曾去實行，那麼唯一的結果就是與它錯過。

從年輕時開始，雪兒就愛問志江：「你錯過了什麼？」

二十歲時，志江痛苦地回答：「我錯過了我喜歡的第一個女孩，錯過了向她表白，這將是終生的遺憾。」

二十二歲時，志江滄桑地說：「我錯過了當一名畫家的夢想，卻做了公司職員。」二十五歲時，已經成為雪兒丈夫的志江沮喪地回答她：「我錯過一個新的工作機會。」三十五歲時，志江生氣地告訴她：「我剛錯過了一個晉陞的機會。」四十五歲時，志江傷心地說：「我錯過了與親人見最後一面的機會。」五十五歲時，志江失望地回答：「我錯過了退休的好時機。」六十五歲時，志江匆匆地說：「我錯過了看牙醫的時間。」

一如往常地，雪兒總是回以微笑，但微笑中總帶著些落寞，這點志江從來都看不出來。

七十五歲那年，雪兒終於不再問志江了。志江正跪坐在病危的太太面前，想起太太每隔一段時間，總要問他的問題，他反過來問太太：「你錯過了什麼？」而雪兒微笑中帶著解脫與滿足回答：「這一生，我沒有錯過你！」此時，志江早已老淚縱橫，原以為兩人可以永遠在一起，所以，終日忙著工作與繁瑣的事，卻從不曾用心體貼朝夕相處的另一半。

已經當上行政總管的志江緊緊抱著太太雪兒說：「這輩子，我錯過了你這五十年來的深情……」

許多一直關愛著我們的人，默默為我們付出的人，都是我們的財富。而且這樣的人，我們一生中都難得遇上幾個。所以，我們一定要懂得好好珍惜，朋友也好，親人也好，他們關心和給予我們照顧的時間是有限的。當他們對我們全身心付出時，不要視而不見，甚至認為那是理所應當的。沒有人虧欠了我們什麼，不要等到我們醒悟時才發現那些關心過我們的人早已遠去。給我們留下的唯有一顆曾經溫暖的心和那些略帶傷感的回憶。

淡定的幸福

有些事錯過了可以重來，有些人錯過了就永遠不在。珍惜眼前人，不要等到後悔時去說：「對不起！」

平淡是真

一個夏天的夜晚，小和尚對師傅說：「我如何才能讓自己的慧心常駐不滅？」師傅微微一笑，反問道：「你認為呢？」

小和尚搖搖頭。師傅站起來對他說：「你隨我來。」於是，小和尚便隨師傅到了寺院的園子裡。

師傅站定，盯著一株待開的曇花，小和尚也默默地注視著，過了一會兒，只聽那曇花辟辟啪啪的，沒有幾分鐘就將自己的美麗一展無遺。而其他的花，卻幾乎看不到那開放時的樣子。到了清晨，曇花那驚艷的美漸漸消逝，而其他的花卻在太陽的撫慰下，依然默默地展現著自己的美。

小和尚一下子明白了師傅的用意。知道了安守平淡的可貴。

發生在人與人之間的愛情也是如此。有一種愛情像烈火般的燃燒，剎那間放射出的絢麗光芒，能將兩顆心迅速融化；也有一種愛情像春天的小雨，悄無聲息地滋潤著對方的心靈。前者激烈卻短暫，後者平淡卻長久。其實，生活的常態是平淡中透著幸福，愛情歸於平淡後的生活雖然樸實但很溫馨。

愛不在於瞬間的悸動，而在於共同的感動與守候。

有一對中年夫婦，是朝九晚五的上班一族。每天早上，先生都扛著自行車下樓，妻子拿著包，一手拿一個男式公文包，一手挎個女式包。走出樓梯口以後，先生放定了自行車，接過妻子手中的兩個包，把它們放在車筐裡，然後再仔細地調試一下車鈴、煞車；再回頭讓妻子在車後座坐穩了，最後才跨上車用力一蹬，車子載著他們平穩地向前駛去。

先生從來都不會忘記回過頭關照一下他的妻子，只見她如小公主一般幸福地坐在車後座上，雙手優雅地摟著丈夫的腰，臉上洋溢著滿足。先生舉手投足間則透著對妻子的關愛，而妻子滿臉的幸福也是對丈夫最好的報答。

幾十年來，無數個朝朝暮暮，他們都是這麼平靜地生活著。歲月在他們臉上毫不留情地留下了皺紋，然而他們的心卻依然年輕，彷彿還是熱戀中的少男少女。騎著自行車的男人對妻子的愛雖然談不上奢侈，但卻是最樸實、最真切、最貼心的，它細微而持久，有如三月春雨瀝瀝地輕灑在妻子的心田。

這就是地老天荒的愛情，不必刻意追求什麼轟轟烈烈的感覺；生活的點滴之中，就有一種「執子之手，與子偕老」的默契。細水長流的愛情，像春風拂過，輕輕柔柔，一派和煦，讓人沉醉入迷。

愛情不是傳說，是生活，需要兩個人用心去體驗、去感覺，才能釀造出美麗的幸福。

有一對小夫妻原本感情很好，但妻子生完孩子之後，他們便開始了分床而居的生活。白天工作已經很辛苦了，晚上還要應付小孩子，漸漸地他們兩個人之間的話越來越少。

「我有個鄭重的要求。」妻子首先意識到了他們之間潛伏著的危機，一天，她突然對丈夫說。

「你有什麼要求?這麼鄭重其事的樣子。」丈夫漫不經心地問。

「每天抱我一分鐘，好嗎?」

丈夫看了妻子一眼，笑著說：「都老夫老妻的了，有這個必要嗎?」

「我提出了這個要求，就說明十分有必要。你發出了這樣的疑問，就證明更有必要。」妻子堅持著說。

「情在心裡，何必表達。」丈夫回答道。

「當初你要是不表達，我們就不可能結婚。」妻子有點不滿地說道。

「當初是當初，現在不是更深沉了嗎？」丈夫解釋說。

「不表達未必就是深沉，表達了未必就是矯飾。」妻子仍然堅持。兩人終於你一句我一句地吵了起來，最後，為了能早點平息這場戰爭，上床安歇，丈夫妥協了。

他走到床邊，抱了妻子一分鐘，笑道：「你這個虛榮的傢伙！」

「每個女人都會對愛情虛榮。」她說。此後每一天，他都會抽個時間抱她一會兒，有時是一分鐘，有時是十分鐘，有時甚至更長。漸漸地，兩人的關係充滿了一種新的和諧。在每天擁抱的時候，雖然兩人常常什麼話也不說，但是這種沉默與以前未擁抱時的沉默在情感上卻有著天壤之別。

終於有一天，妻子要去外地長期進修。臨上火車前，她對丈夫說：「你現在終於暫時獲得解放了。」

「我會想著抱你的。」丈夫笑道。

果然，她到學院的第二天就接到了丈夫的電話，異常溫柔地說：「我想念那一分鐘的擁抱了。」頓時，她的眼睛裡滲出了幸福的淚水。

的確，對於相愛的男女來說，在激情飛越的碰撞之後，婚姻就會質樸得如同一位村姑。人們常常以「平平淡淡才是真」為藉口，逃避對長久擁有的那份感情的麻木和粗糙，卻不明白，如果我們用心去經營、用心去表達，那在我們掌心和胸口的愛情怎麼會變得越來越冷呢？

其實，很多時候愛情一直存在於我們的身邊，只是生活的平淡讓我們漸漸遺忘了它的存在。愛得久了，疲勞了，倦怠了，以為生活中只有單調和無味。

那你就錯了，耀眼的煙花很美，可那瞬間的綻放之後，就不再留存任何開放的痕跡。平淡之中的況味才值得細細體味。因為那才是生活真實的滋味。

淡定的幸福

無需羨慕別人愛的持久，如果你能安於平淡，在點滴中品嚐生活的真味，你也可以愛得持久。

不要期待完美的愛情

一位方丈想從兩個徒弟中選一個做衣缽傳人。

一天，方丈對徒弟說：「你們出去給我揀一片最完美的樹葉。」兩個徒弟遵命而去。

時間不久，大徒弟回來了，遞給方丈一片並不漂亮的樹葉，對師傅說：「這片樹葉雖然並不完美，但它是我看到的最完整的樹葉。」

二徒弟在外轉了半天，最終空手而歸，他對師傅說：「我見到了很多很多的樹葉，但怎麼也挑不出一片最完美的……」

最後，方丈把衣缽傳給了大徒弟。

現實生活中女人尋找的是「白馬王子」，男人尋找的則是才貌雙全的「人間尤物」，他們寄予愛情與婚姻太多的浪漫，這種過於理想化的憧憬，使許多人成了愛情與浪漫的俘虜。

其實，十全十美的人在現實生活中根本不存在，有些人，特別是女性，往往容易一味沉醉於羅曼史所帶給她們的短暫刺激之中。其實愛情可以讓人創造奇蹟，也可以令人陷入盲目，要知道美滿的愛情不是那些日思夜想的白日夢，而且即使再美麗的夢想也不過是一個夢而已。脫離實際的幻想，超乎現實的理想化，往往使愛情失去真正的色彩。

珍環、華菲、莎莎是好得不能再好的閨中密友，三人中珍環長得最美，莎莎最有才華，只有華菲各方面都平平。三個人雖說平時好得恨不能一個鼻孔出氣，但是在擇偶標準上，三個人卻產生了極大的分歧。

珍環覺得人生就應該追求美滿，愛情就應該講究浪漫，如果找不到一個能讓自己覺得非常完美的愛人，那麼情願單身下去。而莎莎則覺得婚姻是一輩子的大事，必須找一個能與自己志趣相投的男人才行，只有華菲沒有什麼標準，她是個傳統而又實際的人——對婚姻不抱不切實際的幻想，對男人不抱過高的要求，對人生不抱過於完美的奢望，她覺得兩個人只要「對眼」，別的都不重要。

後來，華菲遇到了康溪，康溪長相、才情都很一般，屬於那種夾在人堆裡就會被淹沒的男人，但他們倆都是第一眼就看上了對方，而且彼此都是初戀的對象，於是兩個人一路戀愛下去。對此珍環和莎莎都予以強烈的反對，她們覺得像華菲這樣各方面都難以「出色」的人，婚姻是她讓自己人生輝煌的唯一機會，她不應該草率地對待這個機會。但是華菲覺得沒有人能夠知道，漫長的歲月裡，自己將會遇見誰，亦不知道誰終將是自己的最愛，只要感覺自己是在愛了，那麼就不要放棄。

於是華菲二十五歲時與康溪結了婚，二十六歲時做了媽媽。雖說她每天都過得很舒服、很幸福，但她還是成為了女友們同情的對象，珍環搖頭歎息：「花樣年華白擲了，可惜呀！」莎莎扁著嘴說：「為什麼不找個更好的？」

當年的少女被時光消耗成了三個半老徐娘，珍環眾裡尋他千百度，無奈那人始終不在燈火闌珊處，只好讓閉月羞花之貌空憔悴；而莎莎雖然如願以償，嫁給了與自己志趣一致的男士，但無奈兩個人雖然同在一個屋簷下，卻如同兩隻刺蝟般不停地用自己身上的刺去扎對方，遍體鱗傷後，不得不離婚，一旦離婚後，除了食物之外她找不到別的安慰，活生生將自己昔日的窈窕，變成了今日的肥碩，昔日才女變成了今日的怨女；只有華菲事業順利，家庭和睦，到現在竟美麗晚成，時不時地與女兒一起冒充姐妹花招搖過市。

珍環認為完美的愛人、浪漫的愛情，能使婚姻充滿激情、幸福、甜蜜，其實不然，完美的愛人根本就是水中月鏡中花，你找一輩子都找不到，況且即使你找到了自己認為是最美滿、最浪漫的愛情之後，一遇到現實的婚姻生活，浪漫的愛情立刻就會潰不成軍，因為你喜歡的那個浪漫的人，進了圍城之後就再也無法繼續浪漫了，這樣你會失望，失望到你以為他在欺騙你；而如果那個浪漫的人在圍城裡繼續浪漫下去，那你就得把生活裡所有不浪漫的事都擔持下來，那樣，你會憤怒，你以為是他把你的生活全盤顛覆了。

莎莎自視清高，把精神共鳴和情趣一致作為唯一的擇偶條件，她期望組織一個精神生活充實、有較強支撐感的家庭，她希望夫妻之間不僅有共同的理想追求和生活情趣，而且有共同的思想和語言。可是事實證明她錯了，她的錯誤並不在於對對方的學識和情趣提出較高的要求，而在於這種要求有時比較偏狹和單一。

實際上，伴侶之間的情趣，並不一定限於相同層次或領域的交流，它的覆蓋面是很廣泛的，知識、感情、風度、性格、談吐等都可以產生情趣，其中，情感和理解是兩個重要部分。情感是理解的基礎，而只有加深理解才能深化彼此間的情感，雙方只要具備高度的悟性，生活情趣便會自然而生。

華菲的愛也許有些傻氣，但恰恰是這種隨遇而安的愛使她得到了他人難以企及的幸福。愛情中感覺的確很重要，感覺找對了，就不要考慮太多，不然，會錯過好姻緣的。將來的一切其實都是不確定的，不確定的才是富於挑戰的，等到確定了，人生可能也就缺少了不確定的精采了。華菲很慶幸自己及時把握了自己的感覺，青春的愛情無法承受一絲一毫的算計和心術，上天讓華菲和康溪相遇得很早，但幸福卻並沒有給他們太少。

那些像華菲一樣順利地建立起家庭的年輕人，都有一個共同的心理特徵：他們敢於決斷，不過分挑剔。愛情中的理想化色彩是十分寶貴的，但是理想近乎苛求，標準變成了模式，便容易脫離生活實際，顯得虛幻縹緲。

不要死守著一份完美的期待，你自己都不完美，如何去要求其他？過於苛求，只能導致一無所有。

淡定的幸福

尋找完美的愛情時，你會在無意間丟掉你本該得到的幸福。還是注意一下身邊的平淡，抓住現在就能得到的幸福吧！

別讓感情錯位

從前，有一座圓音寺，每天都有許多人上香拜佛，香火很旺。在圓音寺廟前的橫樑上有個蜘蛛結了張網，由於每天都受到香火和虔誠的祭拜的熏陶，蜘蛛便有了佛性。經過了一千多年的修練，蜘蛛佛性增加了不少。

忽然有一天，佛主光臨了圓音寺，看見這裡香火甚旺，十分高興。離開寺廟的時候，不經意間抬頭看見了橫樑上的蜘蛛。佛主停下來，問這隻蜘蛛：「你我相見總算是有緣，我來問你個問題，看你修練了這一千多年來，有什麼真知灼見。怎麼樣？」蜘蛛遇見佛主很是高興，連忙答應了。佛主問道：「世間什麼才是最珍貴的？」

蜘蛛想了想，回答道：「世間最珍貴的是『得不到』和『已失去』。」佛主點了點頭，離開了。

就這樣又過了一千年的光景，蜘蛛依舊在圓音寺的橫樑上修練，它的佛性大增。一日，佛主又來到寺前，對蜘蛛說道：「你可還好，一千年前的那個問題，你可有什麼更深的認識嗎？」蜘蛛說：「我覺得世間最珍貴的是『得不到』和『已失去』。」佛主說：「你再好好想想，我會再來找你的。」

又過了一千年，有一天，刮起了大風，風將一滴甘露吹到了蜘蛛網上。蜘蛛望著甘露，見它晶瑩透亮，很漂亮，頓生喜愛之意。蜘蛛每天看著甘露很開心，它覺得這是三千年來最開心的幾天。

突然，又刮起了一陣大風，將甘露吹走了。蜘蛛一下子覺得失去了什麼，感到很寂寞和難過。

這時佛主又來了，問蜘蛛：「蜘蛛，這一千年，你可好好想過這個問題：世間什麼才是最珍貴的？」蜘蛛想到了甘露，對佛主說：「世間最珍貴的是『得不到』和『已失去』。」

佛主說：「好，既然你有這樣的認識，我讓你到人間走一遭吧！」

就這樣，蜘蛛投胎到了一個官宦家庭，成了一個富家小姐，父母為她取了個名字叫蛛兒。一晃，蛛兒到了十六歲了，已經成了個婀娜多姿的少女，長得十分漂亮，楚楚動人。

這一日，新科狀元郎甘鹿中第，皇帝決定在後花園為他舉行慶功宴席。來了許多妙齡少女，包括蛛兒，還有皇帝的小公主長風公主。狀元郎在席間表演詩詞歌賦，大獻才藝，在場的少女無一不為他傾倒。但蛛兒一點也不緊張和吃醋，因為她知道，這是佛主賜予她的姻緣。過了些日子，說來很巧，蛛兒陪同母親上香拜佛的時候，正好甘鹿也陪同母親而來。

上完香拜過佛，二位長者在一邊說上了話。蛛兒和甘鹿便來到走廊上聊天，蛛兒很開心，終於可以和喜歡的人在一起了，但是甘鹿並沒有表現出對她的喜愛。

蛛兒對甘鹿說：「你難道不曾記得十六年前，圓音寺的蜘蛛網上的事情了嗎？」甘鹿很詫異，說：「蛛兒姑娘，你很漂亮，也很討人喜歡，但你想像力未免豐富了一點吧！」說罷，和母親離開了。

蛛兒回到家，心想，佛主既然安排了這場姻緣，為何不讓他記得那件事？甘鹿為何對我沒有一點感覺？

幾天後，皇帝下詔，命新科狀元甘鹿和長風公主完婚；蛛兒和太子芝草完婚。這一消息對蛛兒如同晴空霹靂，她怎麼也想不通，佛主竟然這樣對她。幾日來，她不吃不喝，窮究急思，靈魂就將出殼，生命危在旦夕。太子芝草知道了，急忙趕來，撲倒在床邊，對奄奄一息的蛛兒說道：「那日，在後花園眾姑娘中，我對你一見鍾情，我苦求父皇，他才答應。如果你死了，那麼我也就不活了。」說著就拿起了寶劍準備自刎。

就在這時，佛主來了，他對快要出殼的蛛兒靈魂說：「蜘蛛，你可曾想過，甘露(甘鹿)是由誰帶到你這裡來的呢?是風(長風公主)帶來的，最後也是風將它帶走的。甘鹿是屬於長風公主的，他對你不過是生命中的一段插曲。而太子芝草是當年圓音寺門前的一棵小草，他看了你三千年，愛慕了你三千年，但你卻從沒有低下頭看過它。蜘蛛，我再來問你，世間什麼才是最珍貴的？」蜘蛛聽了這些真相之後，好像一下子大徹大悟了，她對佛主說：「世間最珍貴的不是『得不到』和『已失去』，而是現在能把握的幸福。」剛說完，佛主就離開了，蛛兒的靈魂也回位了，睜開眼睛，看到正要自刎的太子芝草，她馬上打落寶劍，和太子緊緊地抱在一起……

錯位的感情即使得到了也不會幸福。所以，任何人在選擇自己的愛人時都應該仔細想想，不要苛求那份本不該屬於你的感情。現實是殘酷的，一旦讓感情錯位，你所得到的結果就只會是苦澀。

佩玲大學畢業後不久就與男朋友耕鑫同居了，可是令她沒有想到的是，耕鑫竟背著她跟在法國留學的前任女友藕斷絲連；後來在前女友的幫助下，耕鑫很快就辦好了去法國留學的簽證，這時一直蒙在鼓裡的佩玲才知道事情的真相，就在她還未來得及悲傷的時候，耕鑫已經坐上飛機遠走高飛了。

沒有了耕鑫，佩玲也就沒有了終成眷屬的期待，她決心化悲痛為力量，將業餘時間都用在學習上，準備報考研究生，她想充實自己，也想在美麗的校園裡讓自己潔淨身心。

可是就在這時她發現，她懷上了耕鑫的孩子，唯一的方法是不為人知地去做人工流產，而她的家鄉並不在這裡，她實在找不到可以托付的醫院或朋友。

她的憂鬱不安被她的上司吳處長發現了，一天，下班後辦公室裡只剩下佩玲一個人時，吳處長走了進來，他盯著她看了好半天，突然問起了她的個人生活。這一段時日的憂鬱不安使佩玲經不起一句關切的問候，她不由得含著眼淚將自己的故事和盤托出。

第二天吳處長便帶她到一家醫院，使她順利做完了手術，又叫了一輛計程車送她回到宿舍，並為她買了許多營養品。

從那以後，她和吳處長之間彷彿有了一種默契，既已讓他分擔了她生命中最隱祕的故事，她不由自主地將他看作她最親密的人了。

有一天，她在路上偶然遇到吳處長和他的太太，當時正巧碰上他太太正在大發脾氣，吳處長臉色灰白，一聲不吭，他見到佩玲後，滿臉尷尬。

第二天，吳處長與她談到他的妻子，說她是一家合資企業的技術工人，學歷不高收入卻不低，在家中總是頤指氣使，而且在同事和朋友面前也不給他留面子，他做男人的自尊已喪失殆盡。說著說著，他突然握住她的手，狂熱地說：「我真的愛你。」她瞭解他的無奈和苦惱，也感激他對她的關心和幫助，雖然明知他是有婦之夫，但還是身不由己地陷了進去。

不知是出於愛的心理還是知恩圖報，反正她從此成了他的情人，他對她說的最多的一句話就是：「我是真的喜歡你，你放心，我很快就會辦離婚。」可是從來不見他開始行動，她心裡明白，他不可能離開老婆孩子，但只要他真心愛她，她可以等待。

他們經常在辦公室裡幽會，時間一過就是兩年，她無怨無悔地等了他兩年。一天晚上，當吳處長正狂熱地親吻她時，辦公室的門突然被撞開了，單位裡另一個處的李處長一聲不吭地在門口站了一會兒，一言不發就走開了。吳處長頓時臉色慘白，原來，李處長正在與他爭奪晉陞副局長一職，可見他處心積慮地窺探他們已有多時。

吳處長驚慌失措，倉皇地離她而去。她預料到會有事情發生，果然，他捷足先登，到上級那裡交代，他痛心疾首地說自己一時糊塗，沒能抵擋住她投懷送抱的誘惑。

她氣憤至極，趕到他家裡要他給個交代，她畢竟涉世未深，她還是個女孩子，他太太不明就裡，把她帶到書房，不一會兒，她看到吳處長扛著一袋米回來了，一進門就肉麻地叫著他太太的小名，分明是一位體貼又忠誠的丈夫。然後直奔廚房，繫起了圍裙，等他太太好不容易有空告訴他有客人來了時，他甩著兩隻油手，出現在書房門口，一見是她，大張著嘴半天說不出一句話。

剎那間，她的心淚雨滂沱，為自己那份聖潔的感情又遭踐踏，也為自己真心錯許眼前這個虛偽軟弱的男人，所有的話都沒有必要再說，她昂首走出了房門。自尊心很強的她帶著一身的創傷，辭職離開了這個給了她太多傷心的城市，從此開始了漂泊的生活。

從古至今，無數的女人在等待中度日如年，憔悴紅顏。女人執著地等待，是以為自己沒有錯，以為心誠能使鐵樹開花。然而在男女的特定關係中，最難用是非對錯來衡量，更多的卻是心智、策略和手段的較量與契合，有時等待是合理的，有時等待就是一種浪費，比如愛上有夫之婦或者有婦之夫，這樣的等待，時間越長，傷害就越大。在婚外情中，當事人並非不知什麼是應該做的，什麼是不應該做的，其實他們心中是雪亮的，只是有時是身不由己，有時是故意與自己過不去。

但在這種遊戲裡，女人最應該明白，到最後受傷的只會是自己。所以，別讓感情錯位。

淡定的幸福

錯了的，永遠對不了。不該擁有的，得到了也不會帶給你快樂。

幸福與否的關鍵在於你的心靈是否澄清

在當今社會，隨著生活水平的提高，人們的競爭也日趨激烈，生活節奏也越來越快，而由此給人們帶來的壓力也越來越大，令許多的人鬱鬱寡歡，甚至愁眉不展。其實，不管怎麼樣的生活，我們都無法迴避，我們必須面對它，以什麼樣的心態來對待自己的生活。

古人說：「竹影掃階塵不動，月輪穿沼水無痕。」水流和花落都是動的物體，而靜與閒是修養工夫。人的心智能學到靜的境界，就不會受到外界環境的影響而改變。

有好多天了，慧能小和尚獨坐寺內，悶悶不語。

師父看出了其中的玄機，也不語，微笑著領著弟子走出寺門。

門外，是一片大好的春光。

師父依舊不語，懷抱春光，打坐於萬頃溫暖的柔波裡。

放眼望去，天地之間瀰漫著清新，半綠的草芽，斜飛的小鳥，動情的小河。慧能小和尚深深地吸了口氣，偷窺師父，師父正安詳地打坐在山坡上，心中空無一物。

小和尚有些納悶，不知師父葫蘆裡到底賣的什麼藥。

過了晌午，師父才起來，還是不說一句話，不打一個手勢，領著弟子回到寺內。

剛到寺門，師父突然跨前一步，輕掩上兩扇木門，把小和尚關在寺門外。小和尚不明白師父的意旨，逕自坐在門前，半天納悶不語。很快，天色暗了下來，霧氣籠罩了四周的山岡，樹林、小溪、小鳥也漸漸變得不明朗起來。

這時，師父在寺內朗聲叫他的名字，進去後，師父問：「外邊怎麼樣了呢？」

慧能答：「全黑了。」

「還有什麼嗎？」

「什麼也沒了。」慧能又回答說。

「不，外邊還有清風、綠草、鮮花、小鳥，一切都還在。」

慧能一下頓悟，明白了師父的苦心，這些天籠罩在心頭的陰霾一掃而空。

人生往往如此，有的人活得很黯淡，並不是因為他的生活中缺乏陽光，而是消極的心態早已把所有朝向陽光的窗戶緊緊關上了。

在《道德經》中，老子曾表達過這樣的思想：斷絕智巧的心思，反而使人沒有分別計較的憂愁，免除世俗之憂，也與世俗的「憂」隔絕開來。誰能搞清楚唯諾與喝斥有多少差別？誰能搞清楚善與惡有多少差別？眾人都熙熙攘攘、興高采烈，如同去參加盛大的宴席，如同春天裡登台眺望美景。而我卻獨自淡泊寧靜，無動於衷。如同嬰兒還不會發出嘻笑聲。疲倦閒散啊，好像浪子還沒有歸宿。眾人都有所剩餘，而我卻像什麼也不足。我如同一介蠢人一般，看起來有點傻乎乎的。世俗之人好像個個能幹，我卻好像昏頭昏腦，世俗之人好像個個精明，我卻好像懵懵懂懂。世俗生活，如無垠的海洋般變化萬端，如倏忽的飄風般無有止境。人人都好像有了目標，而我卻有點頑固，對這些目標不以為意。為什麼我顯得那麼不同於眾人？關鍵在於我得到了「道」。

在生活中，我們要學會享受自己的生活，不要盲目地去隨波逐流。有一句俗語說道：各有各的活法兒，各有各的道兒。這句俗語說明了一個道理，那就是，生命的存在有無數種形式，人的活法非止一種。有的人，別人看著羨慕，自己卻頗感不足；有的人，自己活得坦然，別人看著彆扭；有的人，窮竭一生追名逐利；有的人，安於現狀淡泊名利。正是這些不同的活法，構成了多姿的世界，使人們的生活更多彩。

在主觀上，人人都有選擇自己活法的權力，這基於各人的人生觀。但其中也有客觀因素的影響。且不說數不清的千年古訓在人們心裡已根深柢固，恐怕最具影響的還是現實社會的種種情態。不可否認，位高權重者一呼百應，腰纏萬貫者一擲千金，委實叫人羨慕和嚮往。可在全世界六十億人口中，這些「幸運者」究竟佔有多大比例？恐怕還是平凡的人更多吧！人們常說「人不能跟人比」，雖然這是人們對自己生活現狀的一種消極的無奈的不滿，但這就是現實，這就是生活。

假如你是一個平凡人，也許你曾經羨慕過某人的官宦仕途，嚮往那種被人尊敬的優越感，但你是否想過，被人尊敬的是這個位置，還是他的德能？倘是前者，那麼這尊敬就是虛假的，被尊敬的是「官位」而不是人，你還會有這種羨慕嗎?也許你曾經仰視那些位高權重的人物，但當你想到他卸卻「官袍」、摘掉烏紗後的失落、抑鬱、不知所措和尷尬的不自然的假笑，你還會對他仰視嗎?也許你曾崇拜「富豪」們揮金如土的「瀟灑」。但當你發現他們為了那永遠賺不完的錢或窮於談判、或爾虞我詐，成為錢的奴隸時，你還會崇拜他們嗎?

不羨慕別人，不看低自己，不刻意去強求，按自己的意願走自己該走的路，才是最充實、最快樂、最幸福的。

想通了這一點，就大可不必為自己沒有擁有「官位」而失望，也不必為自己沒有成為「富豪」而懊惱，因為人人都有自己的活法，或許，你在羨慕他們的同時，他也在羨慕一種無拘無束、無憂無慮、沒有壓力的生活呢!生活的幸福在於人的理解，關鍵是你自己怎樣去詮釋。人人都有自己的生活軌跡，關鍵時要使它更有意義。

世上的芸芸眾生，沒有固定的生活模式，如果為了某種目的用一種模式來框定自己，就會失去自我，失去生活固有的樂趣。即使你成功了，也不會感到成功的快樂。

人的一生，要學會享受生命，而不是拖著生命急匆匆地趕路。不在乎是否有人欣賞，別把自己活給別人看，就會活得坦然；不求全、不勉強自己、不介意時代的臉色，就會活得有滋有味。

若經常保持心靈的一份寧靜，這實際上是生命身體健康、精神狀態美好的表現。

淡定的幸福

追求心靈寧靜的人，對身外之物，不思鑽營，將名利、地位、財富、物慾等看得很輕，不屑於招搖張揚，這是一種睿智的表現。一個人對名勢的追逐越少，心靈能到達的地方就越多。對物慾的貪求越薄，靈魂能周旋的舞台就越開闊。

在生活中展現出真誠的微笑

微笑是一種氣質，氣質得益於修養。微笑是一種境界，境界依靠磨練。愛微笑，也就是愛自己；懂得微笑，也就是懂得生活。給生命一個真誠的微笑，我們便擁有了人生中無可比擬的美麗和灑脫。給人生一個真誠的微笑，我們便擁有了生命之初最本質的寬容和坦蕩。

微笑是對人生最完美的詮釋，微笑是從容的人生態度。我們微笑著面對生活，生活也一定微笑著面對我們。

在喧鬧的城市中，受約束的是生命，不受約束的是心情，只要心是晴朗的，人生就沒有雨天——生命，有時只需要一個真誠的微笑。

生活中有許多事情，乍一看很大。但多少年後再看，其實很小。仔細想想，曾經讓你煩心的一些所謂的大事，在今天看來，還不都是一些不足掛齒的小事嗎？這些小事讓你悲傷過，歎息過，但如今不都成了很有意思的回憶了嗎？

有些事情，之所以以當初讓你覺得很大，或許是因為缺乏心理準備，或許是因為承受能力不強，更可能是由於你對自己還缺乏應有的自信。它從反面提示我們，某件事究竟是大，還是小，這與當事人是否成熟有很大的關係。對一個聰明成熟的人來說，即使大事也是小事；而對一個幼稚愚昧的人來說，即使小事也會成為大事。

世界上最廣闊的不是海洋，也不是天空，而是人的胸懷。你的胸懷有多大，你心中的世界就有多大；你的心力有多強，控制心境的能力才會有多強。人要不為小事所困擾，關鍵是要擴展自己的胸懷。

經驗告訴我們，當生活中冒出一些不順心的小事時，你千萬不要過分在意，能處置的就快速處置；不能馬上處置的，就放一放再說，有些小事能夠一笑了之是最好的。須知，不把小事看大，也是有效把握人生、享受更多快樂的重要祕訣之一。

微笑表示熱情和友善，散發歡樂和輕鬆。生命是美麗的，只要我們用心去譜寫生命的每個音符，就能奏響人生最美妙的樂章！走在人生的道路上，如同逆水行舟，坎坷難行。雖然人人都希望時時幸運，事事順利，但自然界中沒有不凋謝的花朵，人世沒有不曲折的道路。

淡定的幸福

微笑的人並非沒有痛苦，只不過它善於把痛苦錘煉成經歷；微笑著的人並非沒有眼淚，只不過它善於把眼淚化作智慧，照耀自己前行的道路。

第六章

不要將自己凌駕於他人之上

佛陀說：「留連眾生。」是講人必然在眾人中做人。

佛陀當初拋棄的也只是王位，並非眾生。

我們都是眾生，所以，不要以為我們自己就高於他人之上。

得意時當知抽身而退

春風得意是人人都嚮往的人生境遇，但得意者絕對不能忘形。對自己的言行舉止、姿態形象一定要有清醒的認識，必要時還應知及時抽身而退，否則就很有可能因為太顯眼而被命運拋棄。

在獅子與蚊子間曾經有一場大戰，按能力說蚊子與獅子無法比擬，但在實戰中蚊子卻勝利了。因為獅子捕不到它，它卻在獅子的眼睛上、耳朵上到處叮「包」，使獅子有力使不上，最後倒把自己抓得頭破血流，只得認輸，蚊子有了戰勝獅子的輝煌戰績，的確風光。於是它得意忘形了，吹著得勝的喇叭到處炫耀，佛祖告訴它一定要小心謹慎，不要那麼得意，蚊子卻一點都聽不進去，最後一不小心，撞到了蜘蛛網上，害怕之極的蚊子求佛祖救它，佛祖搖頭，告訴它那是它的歸宿，所以蚊子最終成了蜘蛛的大餐。

219

得意忘形常常會導致身敗名裂，古代就有許多的例證。

春秋戰國時的智伯，權勢一度達到極點，天下諸侯無不畏服。有一次，韓、魏兩國的君臣在藍台宴請他。席間，智伯隨意嘲笑戲弄別人。

事後，大臣智果規勸他說：「您早點防備災難吧，災難很快就要來了！」

智伯哈哈大笑，不以為然地說：「災難由我興起。我不興起災難，誰敢興起災難？」

智果說：「我不贊成您的說法。《尚書・夏書》說：『每個人都有些不知不覺的過失，怨恨難道要等到它顯示出來才予以重視？應該在它還沒有形成時就加以防範。』《尚書・周書》又說：『怨恨不在乎大，也不在乎小。』君子能夠隨時注意小事，所以沒有大的災難。現在您在一次宴會上就羞辱多人，又不及早防備，還說別人『不敢興起災難』，不是太掉以輕心了嗎？唉，不可沒有敬畏之心啊！螞蟻、蜜蜂都能傷害人，何況是國君、大臣呢？」

對這番話，智伯嗤之以鼻。他根本不相信有人能將災難降臨到他頭上。但是，五年後，智伯就被韓、魏、趙三國聯手滅掉了。

歷史上因為驕橫而身敗名裂的人實在太多了，因為驕奢而致敗的人更是數不勝數。法國著名昏君路易十六就是一個很好的例子。他在凡爾賽宮的生活之奢靡、耗費國家金錢之多，令人歎為觀止。當時的凡爾賽宮，位於巴黎城郊，裡面有二十九個庭園，四座瞭望台，有噴泉，有瀑布，四季鮮花盛開，極盡娛游之樂。

每當有外國君主或重臣來訪，路易十六都一定要在凡爾賽宮開設盛宴，一次宴會下來，動輒就是千萬金元，笙歌達旦，作長夜之歡，戲子、歌女、舞妓，日夜不停地出入宮門，跳羽衣舞，唱霓裳曲。凡爾賽宮一年所喝的葡萄酒，就值七十九萬法郎之多。

此外，單是魚肉就花費三百四十七萬法郎。至於王宮中所用的宮女、宮人，更是多得令人難以置信。例如御膳房的廚師就有二百五十九人之多，其主任廚師的年薪是八萬法郎。國王的祕書官將近千人之多，每個人的年薪是二十萬法郎。王后安唐妮，更是豪闊無度，光是各種手鐲，就能值到八百萬法郎，其他的首飾那就更不用說了。她的侍女多達五百人，每個人的年薪最少也有十二萬法郎。總計凡爾賽宮的宮女和侍臣共有十六萬人，御用馬匹有八千餘匹，御用車輛百多輛。

所以每當路易十六出外巡幸，其行列之壯大有如祭典，無數車馬排成一條長蛇陣，大臣們佩紫戴黃，宮女們美服艷裝，那種窮奢極欲的威風氣派，真是有如天人一般。總計每年王室所花用的金錢竟相當國庫總收入的五分之一以上。路易十六一味「持而盈之」，不知其已，終於促成了大革命的到來。法國人民將他和安唐妮王后都送上了斷頭台。

一家富貴千家怨，半世功名百世愆。正因其如此，要想長保「金玉滿堂」的富貴光景，必須深知「揣而稅之」的不得當，以及「富貴而驕，自遺其咎」，自取速亡的可畏。

畢竟每個人都是自私的，都希望有所發展。雖說你居功至偉，你若不下來，人家哪有上升的希望呢？所以，當一個人功成名就、已經不大可能更上一層樓時，如果他明智的話，應該退下來，把舞台讓給別人表演。這才符合自然之道。

三星集團董事長李健熙在退下來時，開玩笑說：「我一個人下台，三星上萬人升職，這是一件大好事。」一把手退了，上萬人依次升一級，不是上萬人升職嗎？一個人功成身退，造福萬人，這是何等大的功德。

淡定的幸福

得意之時抽身退，贏得身前身後安。

聖人無名

人生在世，生來平等。造物主並沒有讓誰光彩照人，名氣壓人；也沒有讓誰低三下四，可憐巴巴。成功了，做出了大事業，有了大名聲，還是人；沒有做出大事業，沒沒無聞，也依然是造物主的可愛兒女。這樣看來，追求名聲常常使有些人失去人的天然美好的本性，將純潔變成蕪雜，把天然扭曲為造作，名聲的壞處因此就顯而易見了。品格修養極好的人就是能不把名當一回事，恢復人生來那種自然、單純的狀態。這就是聖人無名。

能夠真正做到無己、無功、無名，心靈無所困擾，行為悠然自在，人活著也就真正實現自由逍遙了。

曾有這樣一個故事說：

五根手指開小組會議，主題是：誰是老大？

大拇指首先威風凜凜地說：「只要人豎起大拇指，就表示那是最大、最好的象徵，所以我是老大。」

食指不服氣反駁說：「民以食為天，人類在品嚐美食時，一定要用我這根食指，所謂『食指大動』，因此我是飲食的代表。不吃飯，你們都不能存在，當然我最大。」

中指也不可一世地說：「五指我居中，而且最長，你們應該聽命於我才對！」

無名指優雅地說：「我雖然叫無名指，但是人類結婚時的鑽石戒指，都套在我身上，我全身是名貴的珠寶，你們怎能和我相提並論呢？」

四指各自炫耀自己的偉大及重要性，只有小指默然不語。四根指頭吵鬧了一陣，發現小指沉默，好奇地問它：「你怎麼不說話呢？」

小指說：「我最小、最後，我怎麼和你們相比？」正當它們得意洋洋的時候，小指又說：「但是合掌禮拜佛祖聖賢時，我是最靠近佛祖，最靠近聖賢的。」

其他四指聽了慚愧地低下了頭。從此，它們團結一心，再也沒有談論誰高誰低的問題。

有道是「王侯將相寧有種乎？」權勢錢財沒有一樣不是身外之物，因為這些東西既可以得到，也可以失去。跟別人一樣的只有赤條條地來，赤條條地去。這樣說來，哪怕你權勢通天、腰纏萬貫，說到底你也是普通人一個。那麼，永遠把自己當成普通人對每個人來說都是理所當然的事情。

把莊子的至人無己、神人無功、聖人無名的人生境界，放到我們現實的人生拚搏中，深刻的道理不說，在為人立身上，實在是一種知進知退、達觀透徹的處世藝術。

丹麥的政治平民化和公民平等化即使在歐洲也是突出的。這裡的官員沒有我們一些官員常見的特權和優越感。當地華人介紹，無論多高的官員，家中也無傭人，包括削馬鈴薯皮、做飯這樣的雜事都是自己做。哥本哈根是歐洲有名的自行車城，大街的專用自行車道上，騎車的人們絡繹不絕。令人吃驚的是，政府的部長們也是騎自行車上下班。他們頭上戴著針織帽，手上戴著厚手套，車筐裡放著文件包。國會大廈、最高法院和中央政府的門外，都停放著一大片自行車，不怎麼像森嚴的國家機關，倒像我們常見的國高中校園。據丹麥人介紹，在國家機關，不管是一般公務員還是高級領導，都是沒有公車坐。丹麥官員的平民化確實讓人歎為觀止。何以如此?首先，在這裡的各級官員都是選舉產生，誰當鎮長，本鎮的百姓選舉，依此類推。你如擺架子做老爺，馬上就得下台。

做人處事，不能以低俗的眼光來衡量一切。你我都是普通人，那些身外的附加值的多少，可以用來衡量一個人的價值的大小，但絕不可以用來標榜自己比別人高貴。特別是對那些有大名望、高地位的人來說，越是把自己看做普通人來處世，影響就越不普通。

淡定的幸福

聖人無名，大則無形，只有俗人才會標榜自己。

言語低調一點

在言辭上低調是做人的另一重要品質，與人談話切不可讓人聽出你有傲氣、瞧不起人、教訓人、挖苦人的感覺。當你非要闡明問題時，也不可把話說盡說絕。在我們日常工作和生活中，有許多言辭並不是我們非說不可的，因而沒有必要唇槍舌劍或信口開河，有些話，說得好未見得能獲得好處，弄不好還會有許多是是非非接踵而來。

佛陀說「眾生平等」。我們沒有什麼資本可以壓迫他人，可以輕視他人。即使只在言辭上現出了這種情況也是不可以的。

當年佛陀降生於剎帝利王家，放大智光明，照十方世界。佛陀往東西及南北，各行七步，步步生蓮花。他一手指天，一手指地，目顧四方，大聲地說：「天上天下，唯我獨尊。」這是何等的自信！

後來佛陀得道成佛，廣度眾生，取得如此大的功業當與此種自信不無關係。有一次，年輕的佛陀住在捨衛城郊的吉那林精舍，可撒拉國的巴謝那迪國王聽到這個消息之後，首次前往拜訪佛陀。

國王看到佛陀年紀並不大，就漫不經心地說：「老師，聽說你已經得到最高的悟境，這是不是真的？」

佛陀滿懷信心地回答：「是的。如果世界上有人達到最高的悟境，那個人便是我。」

國王聽了，愈加輕視：「不過，像你這樣擁有很多弟子並受人尊敬的沙門、婆羅門的人不計其數，但是，他們始終不敢說自己已經達到最高的悟境呢。何況，你的年紀還輕，出家也不久。」

佛陀在二十九歲出家，三十五歲悟道，所以當時的年紀還沒過四十歲，故而國王懷有輕視之心。

佛陀卻輕輕一笑：「國王，請不要以年紀輕來輕視別人。世界上有四種事情是不可小看它的：第一，不要以太子年輕而輕視他；第二，不要以為蛇小而小看它；第三，不要以為火小而忽視它；第四，不可因為比丘年紀小而蔑視他。」

國王聽了這些話後，深覺佩服，於是皈依佛陀。

人人都有他各自優秀的一面。所以，即便自己在事業上取得了一定的成績，或者有了一些特殊的優勢，也千萬不要傲氣十足，牛氣沖天，自以為高人一等，處處唱高調，時時擺身份，想怎麼說，就怎麼說，只圖自己痛快，不顧別人感受，遲早會因失語於人而殃及己身。

在一所大學中就曾發生過這樣一件事：同住一個宿舍的兩名大學生，一個家長是一家公司的經理，他也跟著養成了說一不二、言必壓人一頭的脾氣，另一個性格內向，自尊心很強，家長只是個一般的工人。當這個性格內向、自尊心很強的同學不幸患上了輕度的肺結核時，同學們都積極地關心他、照顧他，而那個高傲的同學卻揚言要把他攆出這個宿舍，以免傳染。這話嚴重傷害了患病同學的自尊心。

後來，他們又因晚上睡覺熄燈問題發生爭吵，那位高傲的同學本來沒理，卻蠻橫地叫喊：「你得給我跪下求饒，否則，你在這寢室住一天，我就欺負你一天！」罵完後，他沒事一般地去休息了。那位性格內向的同學，被勸到別的寢室住了一宿。

古人說：「刀瘡易受，惡語難消。」這位被罵的同學再也忍不下去了，他從別處借了一把鐵錘，在一天深夜，趁那位出口傷人的同學熟睡之際，用鐵錘向他頭部猛擊十多下，將他打死，自己也被法律判處了死刑。兩個不滿二十歲、入學不到一年的大學生，就這樣結束了年輕的生命。

是什麼害了他們呢？就是盛氣凌人的言辭，當然也還有不成熟的性格。這教訓不是很慘痛嗎？

還有一位大學生畢業後到一家工廠工作，起初很得主管賞識，但好景不長，不到一個月，工廠主任就對他越來越冷淡。他怎麼也弄不明白其中的原委。經一位好心師傅提醒，他才恍然大悟：原來他剛從學校畢業，講話愛用術語。什麼「程序化」、「控制論」、「結構定向」等。而主任是專科畢業生，最討厭別人在他面前咬文嚼字，賣弄學識。這位大學生無形中踩到了主管的痛處，而致使自己處於不利位置。

平心而論，這位大學生不是要擺架子，賣弄學識，只不過是因為一副學生腔，滿口的專業術語引起了別人的反感。這也是某些年輕人的通病，不能不引起注意。俗話說「看菜吃飯，量體裁衣」，「到什麼山上唱什麼歌」，說話也應考慮適應環境和對象。

分清輕重，不能有一絲一毫輕視他人的嫌疑。

淡定的幸福

禍從口出，言語低調一點，則可免許多是非。

做人還需謙虛一點

謙虛的人之所以受人喜愛，就是因為他能認識到自己的不足，同時重視別人的存在，從而時時處處尊重別人，體貼別人，很容易使人與人之間的隔膜和疑心冰消雪釋。大而言之，謙虛平和之人既可善始亦可善終。

很久以前，有一座深山。山上古木參天，奇花遍地，人跡罕至。只有潺潺的溪水和偶爾的鳥鳴，才會打破這份寧靜。

在這座深山裡，住著一老一小兩位和尚。老和尚是位得道者，面容清瘦，精神矍鑠，雪白的鬚眉下，雙目炯炯有神。小和尚雖然也希望能修得正果，卻不願像老和尚那樣整天修行，因此，沒有多大的本事。

老和尚經過多年的苦心修練，有了五種神奇的神通力。老和尚到處尋訪仙人，虛心求教，而其他仙人也常常贈給他各種仙果佳釀。老和尚從閻浮羅提來一大籃山上從沒見過的瓜果；從北方的邯鄲國，他帶回了又香又軟的大米。老和尚每次帶回美味佳餚時，總要喚來小和尚：「年輕人，若是心術不正，總有一日你會喪失神通力的。」

可是小和尚對老和尚的苦口良言充耳不聞，反而以為老和尚讓他在眾人面前出了醜，便到處誹謗老和尚，說是老和尚嫉妒他的本事，見不得年輕人比自己強。

流言傳到老和尚那裡，他只是淡淡一笑，也不做任何辯解，因為他知道他的預言終有一天會變成現實。

果然，沒過多久，小和尚在一次表演中，竟然失足跌下來，眾人哄堂大笑。他試圖再次拔地而起，卻怎麼也升不上天空了。

小和尚不甘心在眾人面前丟人現眼，他一遍遍地施展各種神通，結果都失敗了，原來他的神通力已全部失去了。

一傳十，十傳百，小和尚失去神通的消息很快傳遍了全城。這時，全城百姓都讚揚老和尚品德高尚，本領非凡。同時，紛紛譴責小和尚心胸狹隘，品行低下，最後一致決定把小和尚驅逐出城。

沮喪的小和尚這才懊悔自己不該把老和尚的忠告當成耳邊風，可是一切都已晚了，他只能在眾人的斥責聲中垂頭喪氣的離去。

從這個故事裡我們可以看出驕矜對人對事的危害性是很大的。這一點古人認識得十分清楚。

《尚書》裡說：驕傲、荒淫、矜持、自誇，必將以壞結果而結束。同樣的看法在《說苑・叢談篇》中也有：富貴不與驕傲相約，但驕傲自然而然地隨富貴出現了；驕傲和死亡並沒有聯繫，但死亡也會隨驕傲而來臨。

而《勸忍百箴》中對於驕矜這個問題這樣說：「金玉滿堂，莫之能守。富貴而驕，自取其咎。諸侯驕人則失其國，大夫驕人則失其家。魏侯受田子方之教，不敢以富貴而自多。蓋惡終之釁，出於驕誇；死亡之期，定於驕奢。先哲之言，如不聽何！昔賈思伯傾身禮士，客怪其謙。答以四字，驕至便衰。斯言有味，噫，可不忍？」

這段話大意是說：金玉滿堂，沒有人能夠把守住。富貴而驕奢，只會自食其果。國君對人傲慢會失去政權，大夫對人傲慢會失去領地。魏文侯接受了田子方的教誨，不敢以富貴自高自大。驕傲自誇，是出現惡果的先兆；而過於驕奢注定要滅亡。人們如果不聽先哲的話，後果將會怎樣呢？賈思伯平易近人，禮賢下士，客人不理解其謙虛的原因。賈思伯回答了四個字：驕至便衰。這句話讓人回味無窮，是啊！做人怎麼能不忍耐呢？

所以，智者深知此道。因而才能常保其盛。

自從電視連續劇《編輯部的故事》播出之後，劇中李冬寶的扮演者葛優，開始大紅大紫，成為知名度很高的喜劇明星，接著又拍了《甲方乙方》、《手機》、《天下無賊》等多部影片，讚譽接踵而來，影迷們稱他為「葛大爺」，評論界更冠以「丑星」的稱號。

面對這些驕人的成績和榮譽，葛優並沒有沾沾自喜，也不想當「葛大爺」和丑星。

一次，葛優出席一部影片的首映式，一位記者採訪他：「正是因為好多女性看中了你的幽默和瀟灑，才覺得你夠水準。現在市面上性觀眾都親切地叫你『葛大爺』。」

葛優聽罷忙說：「不敢，別這樣稱呼，讓我折壽。雖然頭上禿了點，還算個瀟灑年輕人。再說，觀眾是上帝呀，咱不能把輩分顛倒了。若是『上帝』經常來電影院歡度時光，那我情願喊他們『大爺』……我稱不上『丑星』，也不想當什麼『明星』。那玩藝兒晚上還有點亮，到白天就看不見了。」

葛優的回答極其幽默，又極其謙虛。

一位哲學家曾說過這樣一句話：自誇是明智者所避免的，卻是愚蠢者所追求的。

真正的明智者，之所以不會自吹自擂，因為他覺得世界廣大，學海無涯，技藝無窮，終其一生，也不能洞悉其中的全部奧祕。

而一些平庸之輩，偏偏滿足於一知半解，滿足於點滴成績，他們用富麗堂皇的話裝飾自己，以討得廉價的喝彩。

前面提到的賈思伯，武帝時任成王澄手下的軍司。到肅宗和明宗時，又讓賈思伯做侍講，也就是老師。皇帝也跟賈思伯學《春秋》。賈思伯地位雖然很尊貴，但對下人很親切，對賢人很尊重。有人問他：「您為什麼能做到不驕傲？」賈思伯說：「驕傲必然伴隨衰敗，天下哪有富貴恆定不變的道理？」當時人認為這是很高明的見解。

如果一個人喜歡自大自誇，就算是有了一些美德、有了一些功勞和成績，也會喪失掉；過分炫耀自己的能力，看不起他人的工作，就會失去自己的功勞。

淡定的幸福

智者謙而愚者驕；智者長而愚者短。

真正的高貴

有一個傲氣十足的富商腆著個大肚子來到寺院，站在財神面前說：「你有什麼了不起？還不是依靠我的供品，你才能活下去？」

禪師聽到後沒有生氣，他把富商帶到窗前說：「向外看，告訴我，你看到了什麼？」

「看到了許多人。」富商說。

禪師又把他帶到一面鏡子前，問道：「你看到了什麼？」

「只看見我自己。」富商回答。

禪師說：「玻璃鏡和玻璃窗的區別只在於那一層薄薄的銀子，這一點點可憐的銀子，就叫有的人只看見他自己，而看不見別人了。」

富商面帶愧色地離去。

有錢有勢並不能說明一個人的高貴，重要的是有了錢有了勢，還能保持一種做人的本色和謙虛謹慎、平等待人的心態，這才是真的高貴。

東漢名將馮異，品格高潔，才能出眾，在中國歷史上赫赫有名。而他的為人處世方法，至今也是值得我們在實際生活中借鑑的樣板。

馮異馳騁沙場幾十年，戰功纍纍，是漢光武帝劉秀中興時一員傑出的統帥，但每次戰役結束後，諸將並坐論功時，他為了避功，把封賞讓給部下，常常獨坐在大樹下讀書思過，因而軍中稱他為「大樹將軍」，他有帥才，卻從不使氣，雖戰功赫赫，卻仍高標處世，低調做人。

更始元年，大司馬劉秀率王霸、馮異等將領歷經艱險，攻克邯鄲，擒斬王郎，平息叛亂。

馮異在邯鄲之戰中，千方百計克服種種困難，連夜為夜宿河北曉陽地區的大軍籌措糧秣，熬煮稀豆粥，使將士饑寒俱解，恢復戰鬥力。

劉秀率軍行至南宮時，正逢大雨滂沱，寒氣逼人，又是馮異四處奔波，取薪燃火，供將士取暖烘衣，送上熱氣騰騰的麥飯，使官兵衣干腹飽，重上戰場。

邯鄲之戰，劉秀大勝。後來他讚揚馮異「功勳難估，當為頭功」。正當劉秀召集將領盤坐曠野論功行賞時，馮異卻獨自離眾，待在一棵老槐樹下聚精會神地讀《孫子兵法》。當侍衛連拖帶拉將馮異帶到劉秀跟前時，馮異卻對封賞一再推讓。實在推托不掉，他便建議將此功讓給軍中的一名偏將，令這位偏將大受感動。劉秀見馮異淡泊功利，又賞他許多金銀，馮異卻悉數分給這次作戰中表現勇猛的士卒。

馮異的做法，就非常得人心，因此他調動起部下來也得心應手，部卒願意為他效力，同級之人佩服他，上司也欣賞他。

相對馮異來說，年羹堯就是一個不知深淺的人物，他的胞妹，是雍正帝的貴妃。

嗣皇帝登基之初，雍正對年羹堯倍加賞識重用，幾乎到了熾熱顛狂的程度。年羹堯一直在西北前線為朝廷效力。因平定西藏時運糧及守隘之功，封三等公爵，世襲罔替，加太保銜；因平郭羅克功，晉二等公；敘平青海功，晉一等公，給一子爵令其子襲，外加太傅銜。雍正二年八月，年羹堯入覲時，御賜雙眼孔雀翎、四團龍補服、黃帶、紫轡及金幣，恩寵到了無以復加的地步。「一人得道，雞犬升天」，不但年的親屬倍受恩寵，連家僕也有透過保薦，官做到道員、副將者。

年羹堯對此不但不知收斂，卻更加得意忘形，更加驕橫，並霸佔了蒙古貝勒七信之女，斬殺提督、參將多人，甚至蒙古王公見年羹堯得先跪下，以此他遭到了群臣的憤怒和非議，彈劾他的奏章多似雪片。

內閣、詹翰、九卿、科道合詞奏言年羹堯的罪惡「罄竹難書」，於是部議盡革年的官職。雍正三年十月，命逮年羹堯來京審訊。十二月，案成。此距發端僅有九個多月。議政王大臣等定年羹堯罪：計有大逆之罪五、欺罔之罪九、僭越之罪十六、狂悖之罪十三、專擅之罪十五、忌刻之罪六、殘忍之罪四，共九十二款。

其實雍正帝早就瞭解年羹堯的所作所為卻不加懲處，甚至在一些批示中會令人懷疑他故意縱容年貪污、腐化。但轉眼之間，這些行為全成了年羹堯的罪名。

雍正三年十二月，皇帝差步兵統領阿爾圖，來到關押年羹堯的囚室傳旨說：「歷觀史書所注，不法之臣有之。然當未敗露之先，尚皆為守臣節。如爾公行不法，全無忌憚，古來曾有其人乎？朕待爾之恩如天高地厚，願以爾實心報國，盡去猜疑，一心任用。爾乃作威作福，植黨營私，辜恩負德，於結果忍為之乎？……爾悖逆不臣至此，若枉法曲宥，曷以彰憲典而服人心？今寬爾磔死，令爾自裁，爾非草木，雖死亦當感涕也。」年羹堯接旨後即自殺。

年羹堯一案所累多人，他的所作所為給後人敲響了警鐘。

所以，高貴不在於你身價幾何，即使是一個乞丐，倘若心靈純潔、品德高尚也是高貴的。而一個恃富欺人、不知容人的人再富有也不能稱其為高貴。最難得的是為富不驕、為貴不傲的人。這樣的人才可以稱之為最難得的高貴。

淡定的幸福

一個人的高貴取決於精神而不取決於金錢。

先低才能後高

不積跬步無以至千里，不積小流無以成江河。任何事物的發展積聚過程都遵循著這個規律。一個人發展過程同樣如此。假如你無法從低微處起步、虛心學習，就永遠都無法走到更高的位置。

一個滿懷失望的年輕人千里迢迢來到法門寺，對住持釋圓說：「我一心一意要學丹青，但至今沒有找到一個能令我滿意的老師。」

釋圓笑笑問：「你走南闖北十幾年，真沒能找到一個自己的老師嗎？」

年輕人深深歎了口氣說：「許多人都是徒有虛名啊，我見過他們的畫幀，有的畫技甚至不如我。」

釋圓聽了，淡淡一笑說：「老僧雖然不懂丹青，但也頗愛收集一些名家精品。既然施主的畫技不比那些名家遜色，就煩請施主為老僧留下一幅墨寶吧！」

說著，便吩咐一個小和尚拿了筆墨紙硯來。

釋圓說：「老僧的最大嗜好，就是愛品茗飲茶，尤其喜愛那些造型流暢的古樸茶具。施主可否為我畫一個茶杯和一個茶壺？」

年輕人聽了，說：「這還不容易？」

於是調了一硯濃墨，鋪開宣紙，寥寥數筆，就畫出一個傾斜的水壺和一個造型典雅的茶杯。那水壺的壺嘴正徐徐吐出一脈茶水，注入到了茶杯中。年輕人問釋圓：「這幅畫您滿意嗎？」

釋圓微微一笑，搖了搖頭。

釋圓說：「你畫得確實不錯，只是把茶壺和茶杯放錯位置了。應該是茶杯在上，茶壺在下呀。」

年輕人聽了，笑道：「大師為何如此糊塗，哪有茶壺往茶杯裡注水，而茶杯在上茶壺在下的？」

釋圓聽了，又微微一笑說：「原來你懂得這個道理啊！你渴望自己的杯子裡能注入那些丹青高手的香茗，但你總把自己的杯子放得比那些茶壺還要高，香茗怎麼能注入你的杯子裡呢？」

所以，只有把自己放低，才能吸納別人的智慧和經驗。才能逐漸積聚各種營養，成海之博大，成山之巍峨。

華勒是堪斯亞建築工程公司的執行副總裁，幾年前他是作為一名送水工被堪斯亞的一支建築隊招聘進來的。華勒並不像其他的送水工那樣把水桶搬進來之後就一面抱怨工資太少一面躲在牆角抽煙，他給每一個工人的水壺倒滿水，並在工人休息時纏著他們講解關於建築的各項工作。很快，這個勤奮好學的人引起了建築隊長的注意。兩周後，華勒當上了計時員。

當上計時員的華勒依然勤勤懇懇地工作，他總是早上第一個來，晚上最後一個離開。由於他對所有的建築工作比如打地基、壘磚、刷泥漿等非常熟悉，當建築隊的負責人不在時，工人們總喜歡問他。一次，負責人看到華勒把舊的紅色法蘭絨撕開包在日光燈上，以解決施工時沒有足夠的紅燈來照明的困難，負責人決定讓這個勤懇又能幹的年輕人做自己的助理。

華勒已經成了公司的副總，但他依然特別關注於工作，從不說閒話，也不參與到任何紛爭中去。他鼓勵大家學習和運用新知識，還常常擬計劃、畫草圖，向大家提出各種好的建議。只要給他時間，他可以把客戶希望他做的所有的事做好。

華勒沒有什麼驚世駭俗的才華，他只是一個窮苦的孩子，一個普普通通的送水工，但是憑著勤奮工作的美德，他幸運地被賞識，並一步一步地成長，成為一個受人尊敬的人。

華勒是一個典型的由低到高地走自己人生旅程的人。而現實中，有許多人有著別人難以企及的高學歷卻找不到一份合適的工作，是什麼原因呢？他們把自己這個「茶杯」放錯了位置。而那些能放低位置的人才可以贏得起跳的機遇。

有一位留美電腦程式設計博士學成後想在美國找份工作。有個名正言順的博士頭銜，求職的標準當然不能低。結果，他連連碰壁，好多家公司都沒錄用他。想來想去，他決定收起所有的學位證書，以一種「最低身份」去求職。

不久他就被一家公司錄用為程序輸入員。這是一個極平常的工作，對他來說簡直是高射炮打麻雀，但他仍然做得認認真真，一點兒也不馬虎。不久，老闆發現他能看出程序中的錯誤，這可不是一般的程序輸入員能比的。這時他才亮出了學士證，老闆給他換了個與學士學歷相稱的工作。

過了一段時間，老闆發現他時常提出一些獨到的有價值的建議，遠比一般大學生要強，這時他亮出了碩士證書，老闆見後又提升了他。
再過一段時間，老闆覺得他還是與別人不一樣，此時他才拿出了博士證。這時老闆對他的水平已有了全面的認識，毫不猶豫地重用了他。
這位博士最後的職位，也就是他最初理想的目標。
這個博士的辦法是聰明的，他先放下身份和架子，甚至讓別人看低自己，然後尋找機會全面地展現自己的才華，讓別人一次又一次地對他刮目相看，他的形象慢慢變得高大起來。
生活就是如此，當你站得高了，不一定能得到想要的。把心放低了，反而可以由低到高，一步步走向成功。

淡定的幸福

由低到高是一個積聚的過程，由高到低卻是一個傾洩的過程。假如你走的是一條由高到低的路，那只能越走越一無所有。

讓不可能成為可能

在一個村子裡，被沙漠圍困的村民守著一片綠洲過了幾千年。他們總是試圖走出去，但總是又回到原地，因此他們認為這片沙漠是走不出去的。

一天，村裡來了一位鶴髮紅顏的雲遊和尚，人們圍住他不斷地勸說他不要再去冒險。他們說：

「這片沙漠你是走不出去的，我們祖祖輩輩都沒有走出去過。」

可是，雲遊和尚沒有相信他們的話，他默默地出發了。在沙漠裡沒有方向無疑是死路一條，他白天休息，晚上看北斗星走。有了方向，走出沙漠就成了簡單的事情。三天三夜，他就走出去了。

越是一般人認為不可能的事情，其實越有可能做到。大家認為不可能，必然誰也不去關注，誰也不去攻擊，誰也不去設防，不可能實現的事情必然沒有競爭對手，你正好獨自一人乘虛而入。軍事上「不可能」成為「可能」的戰役屢屢發生，商家應從中有所領悟。

一九三九年九月一日拂曉，德國軍隊經過精心準備，突襲波蘭。波蘭軍隊倉皇應戰，雖有一定的抵抗能力，但因準備不足，波蘭軍隊全線崩潰，九月三日，英法兩國對德宣戰，第二次世界大戰就此爆發。

法國並非波蘭，法國兵力強大，擁有二三百萬大軍和先進的武器裝備，國內的經濟實力也不比德國差。特別是法國還擁有一條堅不可摧的馬其諾防線。為了防備德國進攻，法國早在十年前就精心構築了防線，而且從瑞士到比利時之間的東部國境的防禦體系，一直修築了六年。法國是當時歐洲最大的陸軍強國。

一九四〇年，德軍繞過這條固若金湯的防線攻入法國。德國裝甲師選擇了一條道路，正是法國將軍們認為不可能讓坦克穿過的地帶，防線失去了作用。結果，短短的一個月內，法軍就潰不成軍。

這種「不可能」成為「可能」的戰例還有很多：

在第二次世界大戰中，盟軍選擇的登陸及向德軍反攻的地點是諾曼第。那裡的海浪及岩石海岸使德國認為，任何規模的登陸都不可能選擇在這樣惡劣的地點進行。

在史稱「布匿戰爭」之中，迦太基的統帥漢尼拔率軍越過山高坡陡、道路崎嶇、氣候惡劣、積雪終年的阿爾卑斯山，這條道路是一條被認為不可能穿過的死亡之路，然而羅馬人做夢也想不到漢尼拔如此神速地出現在他們面前，猝不及防。

大多數人認為不可能做到的事肯定是十分困難，甚至是難以想像的事。因為太難，所以畏難；因為畏難，所以根本不敢嘗試；不但自己不敢去嘗試，認為別人也做不到。其實，只要是有規律可循，世上沒有什麼不可能辦到的事，辦成只是個時間問題。客觀上沒有「不可能」，並不等於主觀上沒有「不可能」，如果主觀上認為「不可能」，那就真的不可能了；主觀上認為「可能」，那麼，任何暫時的「不可能」終究會變成「可能」。人類的創造力使許多不可能變成可能。

許多事情看似不可能，其實是受思維定勢的影響，打破了思維定勢，許多不可能就會變為可能。

例如，水的聲音可以賣錢看起來是異想天開，但是美國的貝爾，四處周遊，靈機一動，用立體聲錄下了許多小溪、小河、小瀑布的「潺潺聲」，複製後高價銷售。買「水聲」者居然絡繹不絕。德國一家酒店抓了不少青蛙，這種青蛙發出的有韻律的叫聲，被譽為大自然的美妙樂章。店主靈機一動，便推出一台「青蛙音樂晚會」，每位客人交一百五十美元可以享受五個晚上的青蛙「樂章」，結果獲利甚豐。水聲、蛙聲，對一般人來說不可能想到讓其成為獲利工具，但有人確實靠這發了財。

新加坡有個大型海鮮企業──海鮮市場和餐館。它的廣告牌上有一句話：「海裡游的，這兒都有。」大到鯨魚身上的每一可食部位，小到顯微鏡下才能看清的富有營養的浮游生物，應有盡有。至於龍蝦、鮑魚、梅花參等更是常品，隨時可以買到。

廣告牌所說的似乎不太可能。怎樣才能使不可能變為可能呢？那就是去除惰性，不惜重金，不吝時間與精力，到世界各漁業公司組織貨源。一次，一位客人要吃新加坡活的殼魚，海鮮公司聞訊立即行動，派人用特殊漁網到特定海域打撈，漁網出水前一剎那，用特殊吸管連魚帶水一起裝入一特殊容器，專車送到機場，等待的專機立即起飛。在飛機上，還要維持適當溫度的海水，適量的氧氣供應。到達目的地，又有專車搶運，保證客人得以嘗鮮。

許多事情看似不可能，其實是由於人們被膽怯束縛，打破了膽怯，許多不可能就會變成可能。

一個成功者的一生，必定是一個與風險拚搏的一生，除非不做事業，做事業則必有風險。松下幸之助發跡之前是一個一貧如洗的學徒。他不屈服於命運，將小小的客廳改為工作間，把積攢的全部家當九十七美元全部用來製造電器插座。幾次試驗的失敗，竟把老本全部用光。松下又把結婚時購置的衣物送入當鋪，終於渡過難關，發明出第一項新產品——雙插座接電器，從此邁出了成功之路的第一步。如果松下當初膽怯了，不敢冒傾家蕩產之險，就不可能有今天的松下公司。

所以大多數人認為不可能實現的事情，你努力去做，反而成功的可能性越大。因為工作風險越大，你的成功機率也大，因為無人與你競爭。在發明創造和市場營銷中經常發揮作用的，正是在上述各實例中起作用的因素——未預見性。所以，大多數人認為不可能的事，你不妨試試。如果你害怕失敗，成功的可能性就很小。

淡定的幸福

在別人眼裡的不可能，在你的努力之下也許會成為可能，這是由具體情況的變化所決定的。因此，不要被不可能嚇倒。

謝謝您購買 有一種幸福叫淡定 這本書！

即日起，詳細填寫本卡各欄，對折免貼郵票寄回，我們每月將抽出一百名回函讀者寄出精美禮物，並享有生日當月購書優惠！

想知道更多更即時的消息，歡迎加入"永續圖書粉絲團"

您也可以利用以下傳真或是掃描圖檔寄回本公司信箱，謝謝。

傳真電話：（02）8647-3660　信箱：yungjiuh@ms45.hinet.net

☺ 姓名：　□男　□女　□單身　□已婚

☺ 生日：　□非會員　□已是會員

☺ E-Mail：　電話：（　）

☺ 地址：

☺ 學歷：□高中及以下　□專科或大學　□研究所以上　□其他

☺ 職業：□學生　□資訊　□製造　□行銷　□服務　□金融

□傳播　□公教　□軍警　□自由　□家管　□其他

☺ 您購買此書的原因：□書名　□作者　□內容　□封面　□其他

☺ 您購買此書地點：　金額：

☺ 建議改進：□內容　□封面　□版面設計　□其他

您的建議：

廣 告 回 信
基隆郵局登記證
基隆廣字第 57 號

新北市汐止區大同路三段一九四號九樓之一

大拓文化事業有限公司收

請沿此虛線對折免貼郵票，以膠帶黏貼後寄回，謝謝！

有一種幸福叫淡定

- 請至鄰近各大書店洽詢選購。
- 永續圖書網，24小時訂購服務
  www. foreverbooks. com. tw
  免費加入會員，享有優惠折扣
- 郵政劃撥訂購：
  服務專線：(02)8647-3663
  郵政劃撥帳號：18669219